手具操作で魅せる！

新体操ロープ レベルアップ BOOK

日本女子体育大学学長 石﨑朔子 監修

はじめに

　2017年に『魅せる新体操上達のポイント50』を上梓いたしました。日本体操協会が出す教本や研究報や、指導者向けの書籍はあっても、今、新体操を頑張っている子ども達が手にとって読める、そんな新体操の本はなかったため、大変好評をいただきました。

　おかげで、2018年には同じシリーズで団体競技編も出すことができました。こちらも、今、団体の練習をしている子ども達にすぐに役立つ実践的な内容になっており、多くの方に読んでいただくことができました。

　そして、2019年は、「手具操作」で本を出すことになり、すでに、「ボール」「クラブ」「フープ」「リボン」の4種は発売になりました。本書はその手具シリーズの最後の1冊になります。

　折しも、現在の新体操は、過去30年間でもっとも手具操作の比重が上がっており、少なくとも2020年まではこの傾向は続くと思われます。そんな時代だからこそ、「手具操作」の基本を扱う本を必要としている子ども達は多いのではないかと考えました。

　かつては手具操作といえば感覚頼みで、「1000回やればできるようになる」などという指導がまかり通っていました。今はそういう時代ではありません。映像を撮ることも日常的になり、今の選手たちは自分の演技の見直しは、いくらでもできるようになりました。さらに、基本的なことからレベルアップも視野に入れて「手具操作」を解説した本があれば、子ども達は自分の力で、自分の技術をより磨くことができるのではないかと思うのです。

　手具シリーズの最後を飾るのは「ロープ」です。現在は、シニアの個人競技種目からははずれているロープですが、2019年からはジュニア個人種目に入っています。また、団体ではシニアでも使われており、新体操を始めたばかりのころには、ボールと並んでよく使われる手具で、縄跳びなど基本トレーニングにも重宝します。

　ロープは、投げ受けの練習などはしやすく、初心者や小さな子どもでも取り組みやすい手具ですが、形の定まらない手具ならではの難しさがあります。親しみやすい手具ですが、実施減点なく演技することは、キャリアを積んだ選手でもなかなか難しいのです。

　本書が多くの子ども達、選手達にとって、ロープという種目をより身近に感じ、得意になるための手助けとなれば幸いです。

新体操のルールについて

　新体操のルールは、オリンピックサイクルで改正されますが、近年はほぼ毎年、何らかの小さな変更が行われています。
　本書は、2017年ルールと、それに加えられた2018年、2019年の改定ルールに準じていますが、数年後には、ルールがさらに違ってくる可能性は否定できません。従って本書だけが全てではありません。
　現に2017年ルールでは、「10点満点でそれ以上の価値点は切り捨て」だった難度点（D得点）が、2018年から上限なしになり、世界のトップ選手たちのD得点は15点、いやそれ以上にもと青天井になってきています。その流れについていくためには、「AD」(手具難度)をいかに詰め込むかという勝負になっており、ややサーカス化しているという声もあります。2020年の東京五輪後には、より芸術性を重視するルール改正が行われることを期待しています。
　ルールが変われば、戦略的には求められる能力や考え方が変わることがあるのが新体操ですが、基本的な部分が大きく変わることはまずありません。
　本書は「ロープの手具操作」に特化した内容になっています。ここで取り上げているルール上の細かい部分（ADの定義など）は、いずれ違ってくるでしょうが、気をつけるべきこと、やるべきこと、めざしたいもの、などは変わらないはずです。採点の方法が少しばかり変わったとしても、基本的にやるべきことに変わりはないからです。
　美しく、正確に難度を行い、手具を扱う。ロープであれば、操作中にロープがしっかり張りをもっていること、投げをキャッチするときには、余らせることなくきっちりロープの端を取ること。そして、芸術スポーツと呼ぶにふさわしい、人の心を動かす表現をめざす。それが新体操なのです。
　最新のルールに関心を持ち、情報収集し、どう対応するか検討することはもちろん大切なことです。が、一方で、ルールがどうなろうと揺らぐことなく、大切にする「新体操の基本」を身につけたいものです。とくに手具操作に関しては、培った技術は必ず生きてきます。ルールが変わって、自分の得意な技の価値が下がることもあるかもしれませんが、それはルール上だけのこと。身につけた技術の本質的な価値は変わりません。新体操での評価も、違う形で得られる方法がきっとあります。
　ルール変更の情報は、日本体操協会の公式サイトにも随時掲載されます。指導者の先生任せにするのではなく、自分でもアンテナを張っておくようにしましょう。

本書の使い方

- この章のめざすところ
- この項目において意識すること、心がけたいこと
- 項目の概要を説明

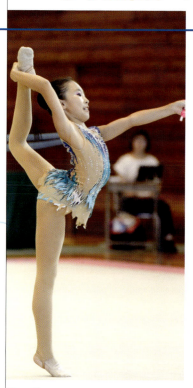

演技に手具操作をどう組み込むか、を考えよう

ポイント 20

得意な「BD」(身体難度)で挑戦したい手具操作の組み合わせ方

競技生活を重ねていき、試合の経験も積んでいく中で、少しずつでも得点を上積みしたいと考えれば、BD も徐々に上げていく必要がある。

バランス、ジャンプ、ローテーションとも少しでも高いレベルの難度に挑戦し、できるようになることは選手としての成長には必要なことだ。

ただ、自分にとっては挑戦となる難度を演技に取り入れる場合は、同時に行う手具操作は比較的やり易いものを選ぶようにしたい。

BD だけでも、きちんとできる確率が低いうえに、難しい操作を重ねてしまうと得点に繋げられる可能性が低くなってしまう。せっかく難しい BD に成功しても手具でミスしてしまえば、BD もカウントされないし、落下すれば減点にもなるので気をつけたい。

ここがポイント!

ジャンプに「くぐり抜け」を合わせるとロープに引っかかってしまうと実施減点になり、それを意識しすぎると後ろ脚の膝が曲がりやすい。まずは持ち替えや回しなどと合わせよう。

より上達するためのヒント。あれば参照ページなども記載。

連続写真や良い見本、
悪い見本など
目で見てわかりやすい。

このポイントで
扱っている内容

やや高度な「BD」と手具操作

扱っている技（技術）
の名前

1 パンシェバランス（0.4）＋持ち替え ※かかとを床につけたままの実施

①右手にロープを持ち、上体をキープしたまま脚を後ろに高く上げていく。

②脚を真上に上げ、キープしながら軸足の後ろでロープを左手に持ち替える。

③張りを持たせながら、左手でロープを動かす。

Check1 動脚は180度以上の高さに上げ、上体は下げすぎずにキープできているか。

Check2 軸脚は、内股になったり、膝が曲がったりしていないか。

Check3 形をキープした状態のままで持ち替えができているか。

やり方や意識するべき
こと。

できないときはここを
チェック！

2 ジャンプターン（0.4）＋持ち替え

①ロープに張りを持たせながら、踏み切る。

②もっとも開脚したところで脚の下でロープを右手から左手に持ち替える。

③着地する前に持ち替え終えるようにする。

Check1 ジャンプしたとき、十分に開脚し、膝、つま先はしっかり伸ばせているか。

Check2 ロープは、張りをもって動かせているか。

Check3 ジャンプは十分な高さで跳び、しっかり脚の下で持ち替えができているか。

3 バックルターン1回転（0.3）＋つり下げ

①両手にロープを持ち、真ん中を腰の後ろにおき、プレパレーション。

②一気にバックルの形を作り、両手をロープから放して回転する。

③1回転回ったら、かかとを下ろす。

Check1 回転を始めて1回転回り終えるまで、かかとは十分上がっているか。

Check2 動脚は十分に上がり、バックルの形は明確にできているか。

Check3 回転中にロープは張りを持っているか。

+1 ローテーションには、「身体の一部上による手具の不安定なバランス（つり下げ）」を組み合わせるのもおもしろい。ロープを2つ折りにしたり、1本で長く使ったりして、首や腰にかけてのローテーションは、不安定ではあるが、勢いよく回れば案外落ちにくく、ロープが広がって演技に大きさが出る。

ありがちなミスなど、
注意すべきこと。
あれば参照ページ
なども記載。

目 次

- はじめに
- 新体操のルールについて
- 本書の使い方

Part 1 ロープの基本4操作を身につける

ポイント1	基本中の基本　自在にロープを「くぐり抜ける」	10
ポイント2	軽やかにステップしながらロープを「くぐり抜ける」	11
ポイント3	投げ上げたロープの両端を「左右の手でキャッチ」	12
ポイント4	ロープが踊る!「片端を放してからキャッチする」	13
コラム1	なぜ、シニアの種目からロープは消えたのか?	14

Part 2 ロープ操作の要・投げ受け完全マスター!

ポイント5	実施減点されない「基本の投げ受け」を完璧にマスターしよう!	16
ポイント6	「手で投げる」のバリエーションを増やそう!	18
ポイント7	テクニカルな演技に必須!「足での投げ」に挑戦しよう!	20
ポイント8	「手以外のキャッチ」をマスターして、演技の幅を広げる	22
ポイント9	「視野外のキャッチ」を使いこなして、熟練度を印象づけよう!	24
ポイント10	ロープを長く使う投げで、演技にスケール感を出そう!	26
コラム2	ロープは一番易しく、一番難しい?	28

Part 3 ロープならではの操作を使いこなそう!

ポイント11	ロープを2つ折り、3つ折りにしての操作を使いこなす	30
ポイント12	ロープを折らず、1本にして使う操作で演技をダイナミックに!	32
ポイント13	演技を表情豊かにする「エシャッペ・らせん」のバリエーションを増やす	34
ポイント14	ロープを体に巻きつける、床を打つなど、多彩な操作を身につける	36
コラム3	「チャイルド」という悩ましい時期の乗り越え方	38

Part 4 手具操作の見せ場「AD」で点数を積み上げよう!

- ポイント15 「AD」の種類、考え方をしっかり理解して、使いこなせるようにしよう … 40
- ポイント16 意外と簡単なものも。ADは怖がらずにどんどんチャレンジ! …………… 42
- ポイント17 演技をスリリングにする投げながらの手具操作で0.3ポイントを稼ぐ! … 44
- ポイント18 投げを受ける最中の難しい手具操作でADの最高得点を狙う! ……… 46
- コラム4 「ロープ」を頑張ると、学校の体育が楽しくなる! ………………………………… 48

Part 5 演技に手具操作をどう組み込むか、を考えよう

- ポイント19 確実にしたい基本的な「BD」(身体難度)と手具操作の組み合わせ方 …… 50
- ポイント20 得意な「BD」(身体難度)で挑戦したい手具操作の組み合わせ方 ………… 52
- ポイント21 ベーシックな手具操作を伴うステップをやってみよう! ………………… 54
- ポイント22 やや高度な手具操作を伴うステップに挑戦して演技に変化を加えよう……… 56
- ポイント23 フロアを大きく使う「R」をマスターして演技をダイナミックに! ………… 58
- ポイント24 投げ受けにもひと工夫ある高度な「R」に挑戦してみよう! ……………… 60
- コラム5 「あきらめない」という最強の才能 ………………………………………………… 62

Part 6 実際の作品をもとに演技の構成を学ぼう

- ポイント25 ベーシックな作品にBDやADはどう入れるか実際の作品に学ぼう!① … 64
- ポイント26 ベーシックな作品にBDやADはどう入れるか実際の作品に学ぼう!② … 66
- ポイント27 ベーシックな作品にBDやADはどう入れるか実際の作品に学ぼう!③ … 68
- ポイント28 レベルアップをめざす少し難易度をあげた構成を実際の作品に学ぼう!①… 70
- ポイント29 レベルアップをめざす少し難易度をあげた構成を実際の作品に学ぼう!② …72
- ポイント30 レベルアップをめざす少し難易度をあげた構成を実際の作品に学ぼう!③ …74
- コラム6 操作でも表現を伝える!「ロープ」は、男子新体操に学べ! ……………………… 76

Part 7 よりレベルの高い作品作り、精度の高い演技をめざすには

- ポイント31　魅力的なテーマ、曲に出会うために日頃からどう過ごすか ………… 78
- ポイント32　細かい減点を防ぐために生活の中で何ができるか　………………… 80
- ポイント33　新しい作品への取り組み始めから仕上げまでの過程を知ろう ………… 82
- ポイント34　より表現を深めるために、自分で工夫できることは何か ……………… 84
- ポイント35　新体操を長く続けるために、知っておきたいこと、実践したいこと …… 86
- コラム7　「踊るのが好き！」に勝る才能はなし ………………………………… 88

Part 8 新体操の先輩に学ぶ！〜手具操作がうまくなるためにできること

- ポイント36　中村 花選手に訊く
  〜「千回やらないとできない」それでも踊ることをあきらめない ………… 90
- ポイント37　高橋弥生先生に訊く
  〜可動域に限界を感じても、手具操作には限界がない ……………………… 92
- ●おわりに「あなたの上達を支えるサポーターを見つけよう」

Part **1**

ロープの基本4操作を身につける

「くぐり抜け」「両端キャッチ」「エシャッペ」
高度な技を積み上げていくためにも
クオリティの高い演技をするために必要な
ロープ操作の基本中の基本を確認しよう!

ロープの基本4 操作を身につける　　「基本のくぐり抜け」

ポイント 1

基本中の基本
自在にロープを「くぐり抜ける」

ロープが頭の上にくるときに膝を曲げる。

ロープが下に下りるときに屈伸を使ってジャンプし、ロープを跳び越す。

NG!

ロープは張りをもたせて扱う。こんな形にならないように！

慣れてきたら二重跳びにも挑戦。腕を振り回さず手首でロープを回すようにしよう。

採点規則によると「くぐり抜け」は、「開いたロープ、または2本折り、それ以上のロープにて身体全体または一部をくぐり抜ける、ロープは前方、後方、または側方に回す」とある。

また、「最低でも身体の大きな2部位（例：頭＋胴、腕＋胴、胴＋脚など）がくぐり抜けなければならない」「身体全体を入れて出す、または入れて出さない、またはその逆」と定義されている。身体の大きな2部位ということは、たとえば足先をちょっとロープにくぐらせただけ、ではダメだということになる。そして、意外かもしれないが、縄跳びのように完全に「身体全体を入れて出す」ものだけでなく、「入れて出さない」ものも「くぐり抜け」になるのだ。

例えば、両端をそれぞれの手に持った

ここがポイント！

「縄跳びなら簡単！」と思う人は多いが、これがロープの基本。ただ跳べばいいのではなく、ロープに張りをもたせながら、膝、つま先を美しく伸ばして、肩を上げず、背筋は伸ばして跳べるようにしよう。

ロープを体の前から大きく後ろに回して、頭や体をくぐらせて、最後はあえて脚に引っかける。それでも「くぐり抜け」は成立する。縄跳びでも引っかかるくらい小さい子の演技ならば、こういう跳び越さなくてもよい「くぐり抜け」も上手に使って演技構成するとよいだろう。

「ステップでのくぐり抜け」

ポイント 2

軽やかにステップしながらロープを「くぐり抜ける」

　未就学児や小学校低学年の子ども達の集団演技などには、よく使われる「くぐり抜けをしながらのステップ」だが、幼い子どもにとってはこれはなかなか難しい技にあたる。普段はできていても本番では失敗してしまう子も多く、見ているほうはひやひやモノなのだ。

　じつはそれは小さい子に限らない。ある程度、キャリアを積んだ選手の演技でも、他が見事なノーミスだったのに、**まさかのステップでロープを脚に引っかける**、ということは**案外多い**気がする。難しい技ではないだけに気が緩むのかもしれないが、わずかな狂いでも引っかかりやすいある種リスキーな技とも言えるように思う。

　決して難しい操作ではないので、新体操を始めたばかりの子でもちょっと練習すればできるようになると思う。だからこそ、できるようになったら、それでよしではなくより美しく、リズミカルに跳べるように、

音楽をかけてそれに合わせて跳ぶ、緩急をつけて跳ぶ、表情をつけて跳ぶなど、工夫しながら十分に練習しておこう。

1 駆け足しながらくぐり抜ける

駆け足をしながら、ロープは上に回す。張って頭の上に回す。

ロープが下に下りるとき駆け足で弾むように跳び越す。

2 ギャロップでくぐり抜ける

ロープが上に来ているときに脚を横に1歩出す。

ロープが下に下りたときに、両脚を揃えてジャンプして跳び越す。

ここがポイント！

慣れない間は、引っかけないことで必死だろうが、慣れてきたら、なるべくリズミカルに弾むようにロープを跳べるように練習しよう。楽しい音楽に合わせて練習するのも効果的だ。

ロープの基本4操作を身につける 「左右の手での両端キャッチ」

ポイント3 投げ上げたロープの両端を「左右の手でキャッチ」

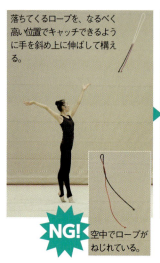

落ちてくるロープを、なるべく高い位置でキャッチできるように手を斜め上に伸ばして構える。

NG! 空中でロープがねじれている。

ロープが手に入るまでしっかり見ながら両端をそれぞれの手でキャッチする。

ロープの端をしっかり手に持つようにする。

NG! ロープの端を余らせて持っている。

2019年、フェアリージャパンPOLAが世界選手権の「ボール×5」で金メダルをとったとき、勝因を訊かれた山崎強化本部長は「片手キャッチ」をあげた。たしかにフェアリージャパンの片手キャッチは正確で美しく、世界に誇れるものだ。しかし、新体操を知らない人が聞けば、「ボールを片手でキャッチする」ことの難しさは案外わからないだろうと思う。それのどこが凄いの？ と思った人もいるのではないだろうか。

「ロープの端キャッチ」もそれに近いものがある。一見そこまで難しいことではない。とくに練習しなくてもできてしまう人もいそうだ。しかし、たまたまできたのではなく、いつも正確に「端を取る」ことは、実際はかなり難しいものだ。そこそこうまい選手の演技でもよく見ていると案外、端は取れていないのだ。少なくとも端を余らせたまま演技を続けるのではなく、素早く持ち直す。そういう練習もしておこう。

ここがポイント！

ロープを落としたくないと思えばどうしても端よりも内側をつかんでしまいがちになる。しかし、それを続けているといつまでも端は取れないので、練習のときは落としてもいいから端を取ることを意識しよう。

「エシャッペ」

ポイント4 ロープが踊る！「片端を放してからキャッチする」

右手でロープを片端を持ち、もう片端を体から離れるように外側に向かって動かす。

宙に浮いた片片端が、体の横で弧を描いて戻ってきたら左手でキャッチする。

ここがポイント！

まずは、ロープの片端を浮かす前にどう動かすかを、できる人のエシャッペをよく観察して研究してみよう。よい軌道でロープを浮かせることができれば、キャッチはそれほど難しくないはずだ。

エシャッペは、「ロープの片端を放す」「ロープが半回転した後に、手または身体の他の一部にてロープの端を受ける」という2つの動作があって初めて成立する。つまり、ロープの片端がどう動くかが重要になる。はじめはキャッチすることで頭がいっぱいになるだろうが、ロープの動き、軌跡を意識して練習することが成功への近道なのだ。

両手それぞれにロープの端を持ち、体の前にロープを垂らす。

左手からロープの片端を放し、前に押し出すようにロープで弧を描く。

弧を描いてロープの端が戻ってきたら、左手でキャッチする。

COLUMN 1

なぜ、シニアの種目からロープは消えたのか？

　新体操を始めたばかりの年齢の低い子どもや、ジュニアの選手ならば、ロープに触れる機会は多いだろう。ロープは形の定まらない手具なので、キャッチミスをしても比較的痛くないこと、長さを自分で調整できることなどから、幼い子どもや初心者にとってはやりやすい手具だ。最初に作った個人作品はロープだったという選手も多いのではないかと思う。発表会では小さな子ども達の集団演技にもよく使われている。体育の時間に使っていることもあり、親しみやすい手具だと言えるだろう。

　ところが、ルール改正によって、2011年以降シニア選手（15歳以上）の個人競技からはロープという種目はなくなってしまった。ジュニアは、5手具（フープ、ボール、クラブ、リボン、ロープ）の中から2シーズンごとに個人総合の4種目が変わるが、現在、シニアは、ロープ以外の4種目に固定されている。

　シニアからロープがなくなった大きな理由は、「テレビ映えしない」ということだった。オリンピックの中継などで映像になったとき、細くて手具の存在感が希薄なロープは、見映えがしない。投げもリボンやフープなどと比べると、空中で手具が見えにくく、テレビ放送に向かないというのだ。

　また、ロープの演技は、ジャンプする回数が他の種目よりも多くなりがちなため、シニア選手にとっては身体的な負担が大きいという理由もあった。選手の身体のためと言われれば、納得せざるを得ないが、「テレビ映り」のために、ロープという種目がなくなったと思うとやり切れない。ロープには、ロープの良さがあり、ロープだからこそできる表現というものがあった。シニアの円熟した演技だからこそ、ロープの複雑な動きが妖艶に見えた名作も数多くあったことを思うと、残念な思いはぬぐえない。

　それでも、ジュニア選手たちは今も、ロープならではの躍動感あふれる演技を見せてくれる。「ロープ」という手具の魅力が失われないように、ジュニア選手たちにはおおいに頑張ってほしいものだ。

Part 2

ロープ操作の要・投げ受け完全マスター！

演技の最大の見せ場となる「投げ受け」
柔らかいロープの投げは、張りをもった美しい形が
空中で見えるかが、巧拙の分かれ目。
基本を押さえて、「投げ受け名人」をめざしたい！

ロープ操作の要・投げ受け完全マスター！

ポイント5 実施減点されない「基本の投げ受け」を完璧にマスターしよう！

　ロープは、リボンと並んで減点の多い手具だ。「ロープの端を余らせて持っている」「ロープに張りがない」「エシャッペの際のロープの軌跡が明確でない」などで、かなりの熟練者でなければ、演技中に何回も減点されてしまう。

　また、手具にあまり存在感がないため、体の線や動きなどがとても目立ってしまう。そのため、つま先や膝が伸びてない、骨盤のずれ、姿勢欠点などが他の手具以上に目立ち、減点もされやすいのだ。

　初心者の入口としてよく使われるロープだが、じつはかなり難しいということを心して、より正確なロープ操作と、ロープでも減点されることのない身体の基本を作り上げるよう心がけ、練習していこう。

ここがポイント！

ロープを2つ折りで投げる場合、しっかり張りをもっていると空中で1本の棒のように見える瞬間ができる。投げること、キャッチすることだけでなく投げ中のロープの形も気にするようにしよう。

基本の投げ受け

1 片手で投げる

①2つ折りにしたロープを片手で持ち、前から後へ回す。

②腕を伸ばし、なるべく高い位置でロープを手から放す。

③投げる前の回転で勢いをつけて、高く投げ上げる。

Check 1 投げる前に、ロープをしっかり張って回しているか。

Check 2 ロープから手を放す位置、タイミングは適切か。

Check 3 肘を伸ばし、体からなるべく遠くで投げているか。

2 両手キャッチ

①ロープの落下点を見極めながら、腕を伸ばす。

②体の斜め前のなるべく高い位置で左右それぞれの手でロープの両端をキャッチする。

③キャッチ後、ロープを8の字に回す。

Check 1 ロープの落下点をきちんと見極めているか。

Check 2 肘を伸ばし、高い位置でキャッチできているか。

Check 3 キャッチの前後とも重心を高くし、美しい姿勢を保てているか。

※ありがちNG!

片方の端をつかみ損ね、片端がこぼれている。

キャッチはできているが、キャッチ後のロープが体についてしまっている。

ロープを結んでの投げ

投げが安定しない間は、投げのときはロープを結ぶとコントロールしやすくなる。ただし、多用してはいけないとルールに定められている。

 ロープを操作する際には、「体からなるべく遠くで扱うこと」を意識しよう。他の手具でも言われることではあるが、手具に長さのあるリボンとロープに関しては、遠くで操作できないと手具が体についてしまっての減点につながりやすいのだ。投げを受けるときも、体の遠くでキャッチしよう。

17

ロープ操作の要・投げ受け完全マスター！

ポイント 6

「手で投げる」の バリエーションを 増やそう!

　手での投げだけでもロープはかなり多彩だ。しかも、Rでの投げの加点になるもの（⇒ポイント24参照）や、ADの基準となるものもある（⇒ポイント15参照）。基本の投げをマスターしたら、さまざまな「手での投げ」に挑戦してみて、習熟度が上がったら演技にも取り入れてみよう。

　「跳び越しからの投げ」や「背面投げ（視野外）」「片脚または両脚の下からの投げ」「ロープを開いて伸ばした投げ」（⇒ポイント10参照）などは、ADの基準にもなっているので、得点力アップの強い味方だ。

　ロープはやわらかい手具なので、投げの練習は初心者でも比較的怖がらずにできる。まずは基本の投げ方を練習することはもちろんだが、遊びの中で様々な投げをやってみていろいろな体勢で、様々な位置から投げる感覚を身につけていこう。

ここがポイント!

ロープは、スピード感のあるリズミカルな演技をすることが多いので、投げも立ち止まって準備動作をしてから投げるのではなく、なるべく動きの流れの中で素早く投げられるように練習しよう。

手での投げのバリエーション

1 跳び越し投げ

①ロープの両端をそれぞれの手に持ち、後から前に回しながら駆け足で1～2回跳び越す。

②跳び越してロープが体の前にきたときに、高い位置でロープを手から放す。

③跳び越しのためにロープを回した回転力を生かして高く投げ上げる。

Check 1 背筋を伸ばした美しい姿勢で跳び越しができているか。

Check 2 肘を伸ばし、体に遠い位置で操作しているか。

Check 3 跳び越しのとき、つま先は伸びているか。

2 背面投げ

①動脚をパッセにもっていきながら、ロープを体の側面で前から後に回す。

②ロープを回転させながら、ロープを持ったほうの腕を肩からしっかり背面に回す。

③背中の後ろでロープから手を放し、高く投げ上げる。

Check 1 ロープを持った腕を十分に背面に回せているか。

Check 2 手を放す瞬間までロープは回転させているか。

Check 3 パッセの形を保ったまま投げているか。

3 体の前での回しからの投げ

①2つ折りにしたロープを持った腕を体の前方に出す。

②膝を曲げながら、ロープを体の前で回す。

③膝の屈伸を使ってロープを投げ上げる。

Check 1 屈伸を利用して投げ上げているか。

Check 2 ロープは体の遠くで回せているか。

Check 3 回転の勢いを殺さずに投げにつなげているか。

ロープは手具自体の存在感が薄いのでやや投げのインパクトは弱い。が、ロープは様々な形にできるため、投げのバリエーションが多く、投げ方で演技に変化をつけることができる。多用はできないが、ロープを丸めたり、特殊な形に結んだりして投げることもあり、工夫の余地が多い。

ロープ操作の要・投げ受け完全マスター！

ポイント 7 テクニカルな演技に必須！「足での投げ」に挑戦しよう！

　手ではなく、足で投げはどの手具でもダイナミックでサプライズ感もあり、演技の見せ場になる。ロープは、長さがあり柔らかい手具なので、足にしっかりと掛けることができるため、「足での投げ」には比較的取り組みやすい。

　手での投げでは、引きから投げへのリズムが大切だが、足投げの場合は回転や脚の振り上げを使って投げるので、躊躇なく行うことが成功につながる。

　一度、タイミングが狂って大場外などしてしまうと、つい慎重になってしまいがちだ。しかし、慎重になりすぎると足投げは、短くなってしまったり、高さが出なかったりして、成功しない。常に同じように一連の動きができるように練習を積み、いざ投げるときは思い切りよくやる！ことを心がけよう。

ここがポイント！

ロープの足投げは、勢いよくやりすぎると上に上がらず、ライナーで飛んでいってしまいがちだ。パンシェや転回しながらの投げはとくにそうなりやすいので、ロープから足を放す瞬間のちょっとしたタイミングや力の入れ方など、どうすれば上に、高く上がるのか研究しよう。

足で投げる

1 けり上げ

①左足のつま先に2つ折りにしたロープを掛けて一歩前に出し、重心をかける。

②後に置いていた右足を大きく一歩前に踏み出す。

③左足を振り上げ、足が肩の高さにきたらつま先を伸ばしロープを投げ上げる。

Check1 ロープの真ん中をつま先に掛けているか。

Check2 振り上げる足は、躊躇なく真っすぐに高く上げているか。

Check3 足を振り上げたとき、上体がふらついていないか。

2 パンシェ投げ

①外向きにした右足でロープを踏み、片端を右手で持つ。

②左足を前に踏み出し、ロープを足に掛けたまま右足を振り上げる。

③パンシェの体勢になりながら、右足が真上にきたところでつま先を伸ばし、ロープを投げ上げる。

Check1 ロープを掛ける足は外向きになっているか。

Check2 つま先を伸ばし、ロープを放すタイミングは適切か。

Check3 上体をキープしたパンシェの形を保てているか。

3 前方転回しながらの投げ

①左足の土踏まずに2つ折りにしたロープを掛けながら、前方転回に入る。

②前方転回しながら、左足が一番高いところにくる少し前でロープを放す。

③回転の勢いで、高く投げ上げる。

Check1 ロープをしっかり土踏まずに掛けているか。

Check2 前方転回はスムーズに行えているか。

Check3 ロープを足から放す位置、タイミングは適切か。

「高い投げの最中」がベースとなる0.3のADは、投げに十分な高さがないと認められにくいが、ロープの足投げは高さが出やすいので、比較的0.3のAD向きの投げと言える。足投げですでに基準（手以外）を満たすので、あともう一つ基準を満たせばよいのだ。ぜひ挑戦してみよう。（⇒ポイント17参照）

21

ロープ操作の要・投げ受け完全マスター！

ポイント8 「手以外のキャッチ」をマスターして、演技の幅を広げる

　ロープは長さのある手具なので、体に巻きつけることができる。それが「手以外のキャッチ」には大きな利点となる。**手や脚、首、背中、腰など身体のあらゆる部位で、ロープを巻きつけてキャッチすることが可能で、それだけ「手以外のキャッチ」のバリエーションが多く、使い勝手がよいのだ。**

　端をキャッチするのが苦手な選手ならば、「手以外のキャッチ」のほうが得意なことも少なくない。より攻めた構成にするために「手以外のキャッチ」を入れて、RやADで点数を上積みすることもできるが、場合によっては苦手な部分を見せないために「手以外のキャッチ」を入れるという作戦もあり得るだろう。

　いずれにしてもしっかり、確実に巻きつけるためには、張りを持って投げができることが必須なので練習しよう。

ここがポイント！

「手以外のキャッチ」には、「視野外」という価値も同時につくものが多い。それだけ難しさも増すが、できるようになれば、「手以外＋視野外」で0.2の加点になるので、ぜひ挑戦してみよう。

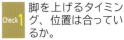

手以外のキャッチ

1 脚に巻きつけてキャッチ

①ロープが落ちてくる位置を見極める。

②落ちてくるロープの下にくるように左脚を前に出す。

③ロープを脚に巻きつけてキャッチする。

Check1 脚を上げるタイミング、位置は合っているか。

Check2 上げた脚は90度以上に保ち、つま先は伸びているか。

Check3 背筋を伸ばした姿勢を保っているか。

2 首の後でキャッチ

①ロープが落ちてくる位置を見極め、その下に入る。

②ロープの真ん中あたりを首の後に当てる。

③ロープの両端が体の前の左右に落ちるようにする。

Check1 ロープの落下点を見極められているか。

Check2 首に当てるロープの位置が真ん中から大きくずれていないか。

Check3 ロープの重みを生かしてキャッチできているか。

3 前方転回しながら脚でキャッチ

①ロープの落下点を見極め、落下点より奥に手を突き前方転回に入る。

②ロープが落ちてくる前に前方転回し、後からついてくる脚でロープを受け巻きつける。

③脚にロープを巻きつけたまま起き上がる。

Check1 前方転回に入る位置は適切か。

Check2 前方転回はスムーズに行えているか。

Check3 ロープの落ちてくるタイミングと脚の位置は合っているか。

 普通に手でキャッチする場合もだが、ロープの落下点と体のあるべき位置を、手以外のキャッチではとくにしっかり見極めよう。腕の長さはイメージできても、脚やましてやそれが回転中となると、距離感をつかむことは難しくなる。ときには動画を撮ったりし位置のイメージをつかむようにしよう。

ロープ操作の要・投げ受け完全マスター！

ポイント 9

「視野外のキャッチ」を使いこなして、熟練度を印象づけよう!

「視野外のキャッチ」は、どの手具でもスリリングで演技の見せ場になる。

ロープは手具があまり目立たないが、それだけに視野外のキャッチにはいつの間に、どこでキャッチしたのか？　と思わせるサプライズ効果もある。

さらに「視野外のキャッチ」には、キャッチする瞬間に手具を見ていないので、顔の表情による表現がし易いという利点もある。手具の落下点を確認するまでは手具のほうを見上げても、落下点に入ったら、手具のほうに視線をやらず落ちてくる手具の位置は気配で感じとり、顔は正面を向いて表現の見せ場にしよう。

他の手具で視野外のキャッチでミスするとそのまま場外に転がるなどダメージが大きいが、ロープはその心配がないので、初めて視野外のキャッチに挑戦するのには向いている手具と言えるだろう。

ここがポイント!

視野外のキャッチでは、手具に触れたところで安心せずに、安定する位置に手具をしっかりおさめよう。背面でのキャッチでは力の入れ具合も調整しにくいので最後まで油断しないようにしたい。

視野外のキャッチ

1 肩キャッチ

①左右の手を組み、頭の後ろに回し、ロープの落下点に入る。

②組んだ両手をできるだけ後ろに引きながら肩でロープを受ける。

③ロープが肩に入ったら、少し両腕を体に近づけ安定させる。

Check 1 組んだ腕は十分に引けているか。

Check 2 ロープを腕ではなくなるべく肩の近くで受けているか。

Check 3 受けたロープをしっかり挟めているか。

2 伏臥での足キャッチ

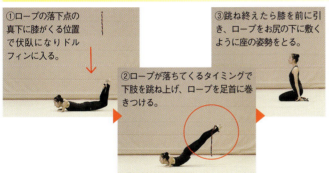

①ロープの落下点の真下に膝がくる位置で伏臥になりドルフィンに入る。

②ロープが落ちてくるタイミングで下肢を跳ね上げ、ロープを足首に巻きつける。

③跳ね終えたら膝を前に引き、ロープをお尻の下に敷くように座の姿勢をとる。

Check 1 落ちてくるロープに対する伏臥の位置は適切か。

Check 2 下肢は十分に床から浮いているか。

Check 3 しなるような美しいドルフィンができているか。

3 背面キャッチ

①ロープの落下点を見極め、下に入る。

②180度回転しながら、背面でロープを受ける体勢をとる。

③落ちてきたロープの両端を背面でキャッチする。

Check 1 ロープの落下点を見極め、下に入れているか。

Check 2 背面になる直前にロープの位置を確認しているか。

Check 3 両腕を十分、後に回せているか。

キャッチは正確に行うのが理想だが、視野外となるとなかなかそれが難しい。しかし、「視野外」で手具をキャッチする感覚を養うためには少々キャッチが乱れても、やってみることは必要だ。ロープは他の手具に比べると、少し狂いがあってもなんとかキャッチはしやすいので挑戦してみよう。

ロープ操作の要・投げ受け完全マスター！

ポイント 10 ロープを長く使う投げで、演技にスケール感を出そう！

ロープには投げのバリエーションが多いが、その中でも独特でテクニックが必要なのがこの「ロープを長く使って（1本にして）の投げ」と言えるだろう。

決して簡単な投げではないが、使いこなせれば空間を大きく使うことができ、演技の中で際立つアクセントになる。 ロープ自体にも表情を出すことができる魅力的な操作で、入れれば作品のレベルもぐっと上がって見えるので、ぜひ挑戦してみてほしい。

ここがポイント！

ロープを長く使う投げは、体もステップや回転などで大きく動きながら行うことになるため、ロープに振り回されてバタバタするのではなく、優雅にまたは軽やかに動き、踊りの中で投げられるようにしたい。

1 1本投げ

Check 1 ロープは張りを持って回せているか。

Check 2 体から遠く、高い位置で投げ上げているか。

Check 3 体全体を大きく使って投げ上げているか。

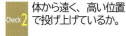

①ロープの片端を右手で持ち、左手でロープの長さの5分の1くらいのところを持って回す。

②回したロープが体の前に来たときに両腕を前に伸ばす。

③腕を斜め上に向けて伸ばし、体から遠いところでロープから手を放し投げ上げる。

ロープを長く使っての投げ

2　2点を持っての回しからの投げ

①ロープの真ん中を、肩幅くらいの間隔で両手で持ち、ロープの両端を体の左右で回す。

②1〜2回ロープを回転させ、両腕を伸ばし斜め上で両手をロープから放す。

③ロープが2つ折りになった状態のまま高く投げ上げる。

Check1 左右のロープがほぼ同じ長さになっているか。

Check2 ロープは張りを持って回せているか。

Check3 体から遠く、高い位置でロープから手を放せているか。

3　体の周りで大きく回しての投げ

①シャッセしながら左手で端を、右手でロープの真ん中を持って回す。

②大きく足を踏み出しながらロープを大きく外に回し、背面に回す。

③背面に回したロープの真ん中を両手で保持し、ロープを床と水平に回しながら回転する。

Check1 ロープは張りをもって回せているか。

Check2 ロープに張りと、勢いを持たせたまま手から放せているか。

Check3 ロープの持ち替えはスムーズに行えているか。

④回転の勢いをつけたまま、腕を上に上げてロープを手から放す。

⑤ロープに張りを持たせたまま高く投げ上げる。

+1 ロープを長く使っての投げは、ダイナミックで見ごたえがあり、ロープの演技を華やかにしてくれる。が、長く使えばそれだけロープの端が床についてしまったり、思いがけず結び目ができてしまうなどのミスにもつながりやすい。ある程度、ロープの扱いに慣れて熟練度が上がってから挑戦したい。

COLUMN2

ロープは一番易しく、一番難しい？

　ロープは初心者や小さい子どもでも比較的やりやすい。しかし、ある程度、キャリアを積んできた選手たちでも、得意種目がロープという選手は案外少ない。

　なぜか。

　まず、リボン同様、ロープは形が定まっていない手具なので、常に動かしていなければならないという難しさがある。90秒間ずっと動かし続けるのはかなり労力を要する。少し疲れてくると手具に伝わるべき力が入らなくなってくる。そうなると、ロープはだらりと垂れ下がり、見た目も悪くなるので減点にもつながり、ミスも起きやすくなる。また、投げのキャッチでロープの端を取ることは、見た目以上に難しく、多くの選手がロープの端を余らせて持ってしまいがちだが、それも減点になる。

　リボンと並んで、手具操作による実施減点がされやすいのがロープである。見た目ノーミスの演技でも思ったより得点が伸びないことが多く、苦手意識をもつ選手が多いのだ。

　近年は、シニアの個人種目にないことから、身近に模範となるようなロープの演技を見るチャンスが減ったことの影響もあるだろうし、苦手を克服しようという意欲が持ちにくいという面もあるかもしれない。

　ジュニアの選手たちには、ぜひこのロープという手具を苦手にせず、積極的に取り組んでほしいと思う。ロープの操作を極めても、シニアでは活かされないかもしれないが、ロープの演技をこなしていくことで、養える力はある。ジャンプ力がつくし、ロープの演技では他の種目以上につま先が目立つので、美しいつま先を作り上げる訓練になる。ジュニア期にロープを頑張ることで得らえるものは多く、その力は、後々まで使える。

　ロープでは、お手本にできるシニア選手がいないならば、今の時代ならインターネットでいくらでも昔の動画を探して見ることができる。昔のブルガリアの選手の演技などは、空中を舞っているロープまでも意味をもっているように見えたものだ。ぜひ参考にしてほしい。

Part 3

ロープならではの操作を使いこなそう！

やわらかく、形の変わるロープは案外扱いにくいもの。
しかし、その特性ゆえに、他の手具にはない
バリエーション豊富な使い方ができるのが魅力！
ロープをパートナーにして踊っているような演技をめざそう。

ロープならではの操作を使いこなそう！

ポイント11 ロープを2つ折り、3つ折りにしての操作を使いこなす

新体操は長く続ければそれだけ技術が向上する競技だ。しかし、続けた時間の分だけ進化するためには、発展性のある練習をすることが必要となる。1つの技を習得すれば、その技を発展させてより難度の高いものができるようになるのが道筋だからだ。

ロープの手具操作に関しては、「回し」や「巻きつけ」は発展性があまりない。初心者の間は、これらの操作をうまく使って演技を構成することもやむを得ないが、熟練してきたら他の操作に入れ替えていくようにしたい。

ここがポイント！

ロープの回しは、規定以上の回数回っていなければ操作とは認められない。回す回数は、ロープの状態や回しの種類によって違うので、とくに最低3回は回さなければいけないものは取りこぼしのないようにしよう。

1 2つ折りでの様々な操作

①2つ折りにしたロープを頭の上で水平に1回以上回す。

[例1]

②2つ折りにしたロープを下に垂らし、2回以上らせんをかく。

[例2]

③2つ折りにしたロープを左右の手で持ち、体の前で1回以上回す。

[例3]

2つ折り、3つ折りでの操作

2　3つ折りで水平に回す

①ロープを3つ折りにして、片端を左手で持ち、長さの3分の1のところを上に上げた右手で持つ。

②ロープが2重になっている部分を頭の上で水平に3回以上回す。

3　3つ折りで縦に回す

①ロープを3つ折りにして、片端を左手で持ち、長さの3分の1のところを前に出した右手で持つ。

②ロープが2重になっている部分を体の前で縦に3回以上回す。

4　2つ折りで首に巻く

①2つ折りにしたロープを回し首にあてる。

②回転の勢いでロープを首に巻きつける。

5　4つ折りにしたロープを回す

ロープを4つ折りにして回す。または、ロープを持ったまま腕を回す。

※初心者の間は頼りたくなる操作だが、いつまでも頼らないようにしよう。回しは最低3回は必要となる。

6　2つ折りにしたロープを手に巻く

頭上で回したロープを回転の勢いで手に巻く。

※ここでは両手の甲に巻きつけているが、手首に巻いてもよい。ただし、ほどけにくいので演技の最後に入れるようにしよう。

ここであげた操作は比較的やり易いものばかりだが、本来ロープは、「両手にロープの片端をそれぞれ保持」して操作するのが基本とされている。2つ折り以上にしての操作は、演技のアクセントとして、または他にできる操作がない初心者のときに入れるのはよいが、多用しすぎないように気をつけたい。

ロープならではの操作を使いこなそう！

ポイント 12 ロープを折らず、1本にして使う操作で演技をダイナミックに！

ロープは手具としてはやや地味で、目立たない印象があるが、演技の中でロープの存在感が大きくなるのが、この「ロープを長く使っての操作」だ。

プロペラのように床と平行にくるくるとロープを1本使いで回せば、フロアのほぼ全面をカバーすることができるが、ここまでフロア上を占有できる手具はほかにはない。ロープの演技はスピード重視になりがちで、その分やや慌ただしくなりがちだが、この「長いロープの操作」をうまく取り入れれば、演技にメリハリもつくだろう。

ここがポイント！

ただでさえ、張りをもたせて操作するのが難しいロープを、1本にして長く使うとますます張りを保つのが難しい。体の回転を伴う回しは、まずシェネで素早く正確に回れるようにしっかり練習してから挑戦しよう。

1 床に打ちつける

①ロープの片端を持ち、後ろから前にロープを大きく回す。

②ロープの片端を床に打ちつける。

③跳ね返ってきたロープの片端をキャッチする。

ロープを1本にしての操作

2　頭上で回す⇒腕をすべらせる

①ロープの真ん中あたりを手のひらにのせて腕を高く上げ、体を回転させながらロープをプロペラのように1回以上回す。

②ロープを手のひらから腕にすべらせる。

③ロープが肩まで落ちてきたら腕をおろす。

④片手でロープの片端をキャッチし、ロープの真ん中をもう片方の手で持ち、片端を水平に回す。

⑤浮いている片端を、片端を持っているのと同じほうの手でキャッチする。

Check1　ロープには張りがあるか。
Check2　回転は素早くスムーズか。
Check3　腕をすべらせるときにロープがたるんでいないか。

3　脚にロープを挟んで回す

①ロープを脚の間に通し、両端をそれぞれの手に持ち、一歩前に脚を出す。

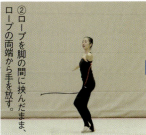
②ロープの両端を脚の間に挟んだまま、ロープの両端から手を放す。

③体を回転させ、ロープをプロペラのように1回以上回す。

④脚の間からロープを持って抜く。

⑤ロープを2つ折りにした形で持つ。

Check1　ロープには張りがあるか。
Check2　回転は素早くスムーズか。
Check3　回り終えると同時にロープを脚の間から素早く抜いているか。

ロープを長く使って、自在に扱うことができると熟練度をアピールすることができる。「打ちつけ」や「回し」のほかに、ロープを1本にしての投げ（⇒ポイント10参照）もあり、これも使いこなせるようにしたい。ロープを長く使う操作では、ロープの端が場外しないように注意しよう。

33

ロープならではの操作を使いこなそう！

ポイント 13 演技を表情豊かにする「エシャッペ・らせん」のバリエーションを増やす

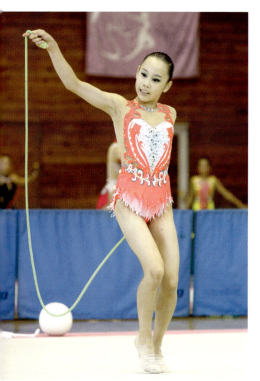

ロープの操作の中でもっとも発展性があるのが、この「エシャッペ」と言えるだろう。初心者でも習得しやすいごく簡単なものから、かなり熟練しないとできない難しいものまで多種多様なエシャッペがあり、また演技中にどう組み込むかも工夫の余地が多い。

熟練してきたら身体難度、それも高度なものと組み合わせられるようにしていきたい。

1 パッセしながら後から前に

① 右脚を前パッセしながら、ロープの両端をそれぞれの手に持って後ろから前へ回す。

② 右手に持った片端を放し、後ろから前へと浮かす。

③ 前に落ちてきた片端をキャッチする。

④ ロープの両端をそれぞれの手で持つ。

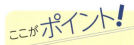

エシャッペは、片端を手から放し、再びキャッチするまでを指すが、うまくキャッチできるところに端がこない場合は、片端を離す前のロープの動きに問題がある場合が多い。うまくいくときとの違いを見極めよう。

「エシャッペ」のバリエーション

2 体の周りを縦の波状に

①右手でロープの片端を持ち、体の後ろでもう片方の端を左手から放す。

②右腕を左肩のほうに引き上げるようにして、ロープの片端が下から上に前に出てくるようにする。

③右腕を体の横に伸ばし、体の側面でしならせる。ロープ

④ロープの片端を体の前に戻す。

⑤片端をキャッチしてロープの両端をそれぞれの手に持つ。

Check1 片端が手から離れている間、ロープには張りがあるか。

Check2 エシャッペしている間、姿勢は美しく保たれているか。

Check3 片端をキャッチするとき端を余らせていないか。

3 頭上で投げ縄のように

①ロープの片端を右手に持ち、を上に上げて大きくロープを水平に回す。腕

②ロープをしならせながら、頭上でロープを後ろに回す。

③後ろから前にもロープをしならせながら回す。

④ロープの片端を後ろに回し、これを数回繰り返す。

⑤浮いていた片端を空いている手でキャッチし、ロープの両端をそれぞれの手で持つ。

Check1 片端が手から離れている間、ロープには張りがあるか。

Check2 エシャッペしている間、姿勢は美しく保たれているか。

Check3 片端をキャッチするとき端を余らせていないか。

エシャッペは、うまくできると、いかにもロープ巧者のように見える。基本が確実にできるようになったら、少し長い時間、片端を放してロープの軌跡で魅せられるような高度なエシャッペにも挑戦したい。うまいエシャッペはまるでロープが選手と一緒に踊っているように見える。その域をめざそう。

35

ロープならではの操作を使いこなそう！

ポイント14 ロープを体に巻きつける、床を打つなど、多彩な操作を身につける

ロープは、形が定まっていないだけに操作が難しい手具ではあるが、長さがあり、柔らかいゆえに、操作のバリエーションは多い。ロープは手具の特性からスピード感のある演技になることが多いので、多彩な操作を入れ込む必要が出てくる。普段の練習や生活の中で遊びとしてロープを扱ったりすることで、ロープに馴染み、ロープを自在に扱えるようにしよう。

1 ロープを体に巻きつけ⇒ほどく

①ロープの片端を持ち、持った手の反対側に大きくロープを回す。

④ロープの端が体の前までできたら、素早くロープを持った手を上に上げる。

②ロープを持った手の側までロープを大きく回す。

⑤少し手首のスナップをきかせて、ロープがもどる方向への回転をつける。

③ロープをお腹のあたりに当て、巻きつける。

ここがポイント！

ヴェールや巻きつけなどは、素早く実施するのと、ゆったりと実施するのではまったく別モノに見え、印象も違ってくる。操作の緩急をうまく生かして、表現の幅を広げていこう。

ロープ独特の操作

2 ロープを体の周りで大きく回す（ヴェール）

①ロープの両端をそれぞれの手に持ち、左脚に重心をかけて体を左に向けながら、ロープは張って体の後ろで回す。

②体を正面に向けながら、ロープが弧を描くように体の前で振る。

③体が正面に向いたときに、ロープも正面にくるようにする。

④重心を右脚に移しながら、右手を後方に回しながらロープも弧を保ったまま回す。

⑤体が右を向くようにして、重心を右脚に移しロープも伴って回す。

3 ロープを足で床にうちつける

①ロープを2つ折りにして真ん中を足首に掛ける。

②ロープを掛けた脚を体の前で回すように振り上げる。

③回した脚を振り下ろし、ロープの端を床にうちつける。

④跳ね返ってきたロープの端をキャッチする。

どの操作でもロープは張りを見せることが大事！弧を描くときも張りのある弧になるようにしよう！

4 ロープの2点を支点にしての風車

①ロープの中心の2点を持ち、クラブの風車の要領で左右のロープを交互に回す。

②なるべく肘を伸ばし、体の遠くでロープを操作しよう。

ロープは5つの手具の中でリボンと並んで、手具の動きそのものに表情があり、工夫次第で様々な表現ができる。演技の中に必須として入ってくる操作だけでなく、点数には直接つながらない操作もできるようにして、表現の引き出しを増やそう。

37

COLUMN 3

「チャイルド」という悩ましい時期の乗り越え方

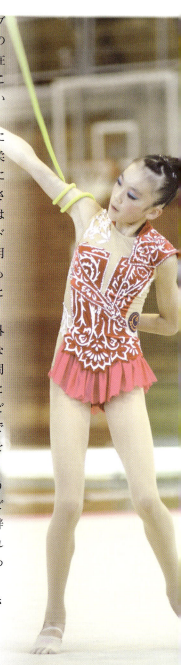

　以前は、手具は使わず徒手で競われていた全日本クラブチャイルドは、7年前から手具ありの大会になった。地方の大会では今も徒手競技を行っているところもあるが、現在の、手具操作の比重が上がったルールに伴い、小学生のことから手具に触れる機会は、近年は飛躍的に増えてきている。基本的にはそれは望ましいことだとは思う。

　ただ、それだけに「チャイルド」という時期の過ごし方には、また難しい側面も出てきている。2000年代、とにかく柔軟性がもてはやされた頃は、チャイルドの時点で柔軟性に恵まれていない子は、「新体操に向いていない」と思わされてしまう傾向にあった。一転して今は、あまり器用ではない子にとって厳しい時代になってしまった。チャイルドの時期は、まだ持って生まれた能力の差が大きい。不器用な子と器用な子との差は天と地ほどある。また、理解力も低いので、教えられたことを理解して、忘れずにやることもまだ難しい。

　現在のルールでは、もともと器用性に恵まれた選手以外は、チャイルドのうちに結果を出すことはかなり困難ではないかと思う。が、それはあくまで「12歳までに」という期間限定の話だ。中学生になり、高校生、大学生になれば、もとは不器用な子でもかなり巧緻性が上がる。できないこともどんな風に練習すれば、できるようになるのか理解し、努力できるようになる。そうなれば、持って生まれた器用性の差を埋めていくことは十分できるのだ。

　しかし、小学生のうちに競技という場に身を置いてしまうと、その時点での差はずっと続くように感じてしまう。子どもはもちろん、親がそう感じてしまい、「向いてないから辞める？」などと言ってしまったりする。今は名選手と言われる選手でも、小さいころからずっとトップだった人はごくわずかだ。そのことを常に頭に置いて、長い目で見てほしい。そして、人と比べず、小さな進歩に気づき、喜ぶことができる。そういう力を親も子もつけたいものだ。

Part 4

手具操作の見せ場「AD」で点数を積み上げよう！

「AD」全盛と言われる現在の新体操。
しかし、そもそも「AD」って何のこと?
「AD」の点数はどうやって決まるの?
今さら訊けないそんな疑問を解決しよう。

手具操作の見せ場「AD」で点数を積み上げよう！

ポイント 15

「AD」の種類、考え方をしっかり理解して、使いこなせるようにしよう

　リオ五輪以降、新体操は「AD」（手具難度）の時代に突入している。しかし、「AD」って何なのか？　よくわからないまま、「これはADだよ」と教えられたものを漫然と練習している人もいるのではないかと思う。

　そこで、今一度、「ADとは何か？」を初心者にもわかりやすく解説してみたいと思う。採点規則には「（ADとは）手具と身体の間に同調性を保つには技術的に難しいもの、最低1つのベース＋最低2つの基準または2つのベース＋1つの基準とする」と定義されている。そして、このベースには3種類ある。

■ベースの種類

・大きな手具の投げの後の受けの最中＝価値点0.4
・大きな手具の投げの最中/特殊な手具のベース＝価値点0.3
・投げを伴わない手具のベース＝価値点0.2

　つまり、「1つのベース＋2つの基準」というのは、「大きな投げの後の受けの最中」（ベース）に2つの基準を満たせば、価値点0.4のADになるということだ。

　ベースが「大きな手具の投げの最中」で2つの基準を満たせば価値点0.3、「投げを伴わない」ならば価値点0.2のADとなる。

　ここで疑問が出てくる。「基準」って何だろう？　それは、採点規則によると、以下のものを指している。

■基準の種類　※ロープに関係するもの

・手以外
・視野外
・回転を伴う
・身体難度（ジャンプ、バランス、ローテーション）
・開いた状態または折った状態でロープを後方に回す
・片脚/両脚の下から
・最低2か所の異なる部位による手の補助なしでの持ち替え
・中断なく3回のシリーズにて実施
・床上の位置にて
・投げまたは受けの最中に手具をくぐり抜ける
・ダイレクトな投げ返し
・ロープの片端または真ん中を持って開いて伸ばしたロープの投げ
・ロープの各端をそれぞれの手に受ける
・ミックス受け

　採点規則のままの表現ではなく、よく使われている表現に変えているところもあるが、この14種類だ。

　つまり、0.4のADは、「大きな投げの受けの最中」（＝ベース）に、手以外＋視野外（＝2つの基準）であれば成立する。（⇒ポイント18参照）0.3のADなら、「大きな投げの最中」（＝ベース）に、手以外＋回転中（＝2つの基準）で成立する。（⇒ポイント17参照）もちろん基準はこの14種類の中

ADの種類

のどれでもいい。ここまでは理解しやすいのではないかと思う。

問題は、0.2のADだ。これはベースが「投げを伴わない」なので、基準2つだけあればよいかと言うとそうではない。採点規則には、「各ベースは基礎または基礎でない手具技術要素として価値は0.00である。」とある。そして、この基礎または基礎でない手具技術というのは、以下のものを指すのだ。

■基礎または基礎でない手具技術（ロープ）

・開いた、または2つ折りにしたロープで身体全体または一部中をくぐり抜ける。ロープは前方、後方または側方に回す。
・スキップ/ホップにてロープをくぐり抜ける
・ロープの各端をそれぞれの手にて受ける
・ロープの片端を放して受け取る。（エシャッペ）
・2本折りでの回し（最低1回）
・3本折り、または4本折りでの回し（最低3回）
・身体の一部の周りでの自由回し（最低1回）
・伸ばした状態、開いた状態にて真ん中もしくは端を保持しての回し（最低1回）
・風車（開いた状態にて真ん中を保持）
・身体の一部の周りで巻きつける、またはほどく。
・2つ折りのロープでのらせん

■基礎または基礎でない手具技術
（全手具共通）※ロープに関係するもの

・手具の大きな回旋
・8の字運動
・身体の異なる部位から、または床上からのリバウンド
・身体の異なる部位からの突き/押し
・身体のあらゆる部位上での手具の滑らし
・身体のあらゆる部位周りでの、または脚の下での持ち替え
・身体のすべてまたは一部が手具を超える
・身体の一部による不安定なバランス
・小さな投げ/受け
・大きなまたは中くらいの投げ

つまり0.2のADは、この21種類の手具技術をベースとし、そこに2つの基準を満たしたときに成立するのだ。（⇒ポイント16参照）たとえば、「小さく投げたロープをもぐり回転しながらキャッチ」ならば、ベースは「小さな投げ」で回転中＋視野外となる。ここまで理解できれば、他の選手の演技を見ていても、どこがADでそれはどういう組み合わせで何点になるものなのかがわかるようになる。そして、自分の演技に入っているADへの理解も深まるはずだ。

AD/0.4
【ベース】大きな投げから受けの最中
【基準】視野外、手以外

AD/0.3
【ベース】大きな投げの最中
【基準】視野外、手以外、回転中

AD/0.2
【ベース】回し
【基準】足下、回転中

AD/0.2
【ベース】リバウンド
【基準】回転中、手以外

41

手具操作の見せ場「AD」で点数を積み上げよう!

ポイント 16

意外と簡単なものも。ADは怖がらずにどんどんチャレンジ!

大きく投げる必要のない0.2のADには初心者でも取り組みやすいものもある。まずはこれらのADの中から自分が得意な操作を生かせるものを選んで、演技に少しずつ入れてみよう。

ただし、大きく投げないため床につきやすく、からまりやすいというリスクがあるので、ロープの端までしっかり張りを持って操作するようにしよう。AD中にはロープが体や床につくというミスも起きやすいので、ロープの操作はなるべく体から遠くで行うことを意識したい。

ここがポイント!

ADのベースになる「回し」だが、伸ばした状態、または2つ折りならば最低1回転でよいが、3つ折り、4つ折りでの回しは、最低3回は回さなければならない。ADがカウントされるためには必要回数しっかりと回していることが見えるようにしよう。

1 脚下で操作しながらの前転⇒回し(ベース)+回転中+脚の下

①右脚の下から右腕を出し、2つ折りにしたロープを回す。

②ロープを回しながら前転する。

Check 1 右腕は肩近くまで脚の下をしっかりくぐっているか。

Check 2 右腕は後方に伸ばし、体のなるべく遠くでロープを回せているか。

Check 3 前転中もロープの回しが止まらず1回転は十分に回っているか。

2 エシャッペを背面キャッチして跳び越す⇒くぐり抜け(ベース)+エシャッペ+視野外

①右手でロープの片端を持ち、ロープの片端を浮かす。

②体を回転させ、浮いているロープの片端を背面でキャッチする。

③キャッチしたらすぐにロープを後ろから前に回し、跳び越す。

Check 1 エシャッペのとき、ロープは張りをもって動かせているか。

Check 2 ロープの軌跡をきちんと確認して背面でのキャッチに備えているか。

Check 3 つま先まで意識して美しく跳び越しができているか。

価値点0.2のAD

3 回転しながらのエシャッペ⇒エシャッペ（ベース）＋回転中＋脚の下

①右手でロープの片端を持ち、ロープの片端を浮かす。

②回転しながら右脚を上げ、その下にロープを通す。

③ロープの片端をキャッチし、ロープを下から上に回す。

Check1 エシャッペのとき、ロープは張りをもって動かせているか。

Check2 上げた脚のつま先は伸びているか。

Check3 きちんと回転しながらエシャッペができているか。

4 前方転回でのうちつけ⇒リバウンド（ベース）＋回転中＋手以外

①右足にロープの片端から2〜3周くらいロープを巻きつけ、前方転回に入る。

②前方転回しながら右脚でロープを床にうちつける。

③跳ね返ってきたロープをキャッチする。

Check1 足への巻きつけはゆるんでいないか。

Check2 足に巻きつけて残したロープの長さは適切か。

Check3 前方転回はスムーズにできているか。

5 側転しながら膝裏に挟んだロープを回す⇒回し（ベース）回転中＋手以外＋視野外

①ロープを回しながら膝の後に挟む。

②膝裏にロープを挟んだまま、側転に入る。

③膝裏に挟んだロープを1回回しながら、側転を終える。

Check1 膝裏に挟む前にロープに回転と張りを与えているか。

Check2 側転で勢いを与え、ロープはしっかり1周回せているか。

Check3 2つ折りにしたロープの端に近いところを膝裏に挟み、ロープを長く使えてるか。

 0.2のADは定義では「投げを伴わない」となっているが、実際にはかなり「投げ」が使われている。つまり「投げを伴わない」というのは、「中くらいまたは大きな投げ」と認められるほどの高さはなくてよいという意味合いと思ったほうがいい。

手具操作の見せ場「AD」で点数を積み上げよう!

ポイント 17 演技をスリリングにする投げながらの手具操作で0.3ポイントを稼ぐ!

　価値点0.3のADは、「投げの最中に行う」ことがベースとなっている。つまり「ロープを投げながら（小さな投げではなく身長の2倍以上の高さが必要）基準（⇒ポイント15参照）を2つ行うこと」によって0.3を得ることができるのだ。

　投げと言えば、「R」（⇒ポイント23、24参照）もあるが、「R」の場合は、投げてからキャッチするまでに2回転しなければならない。キャリアの浅い選手だと、演技中に複数回の「R」を入れるのは難しいと思うが、「投げの最中のAD」ならば、2回転しなくても0.3ポイントになる。基準2つは満たさなければならないが、自分の得意なものを選べば、比較的取り組みやすいものあるだろう。とくにアクロバット要素が得意ならば、投げの最中のADは意外にできるものだ。

　ここで例にあげたものは、この投げだけで0.3になるADなので、キャッチは簡単なものでいい。ただしキャッチの際に移動してしまうと、AD自体カウントされなくなってしまうので、注意しよう。

ここがポイント!

ロープの場合は、投げのコントロールが難しいので、ADも投げを伴うものはかなり難易度が高い。回転を伴う場合は高さよりも距離の出る投げになりやすいが、個人演技では、上に高く投げ上げることが必要な場合が多い。くり返し練習して、その感覚をつかもう。

1 側転しながら足での持ち替え⇒特殊な手具のベース

①右足の土踏まずにロープの真ん中を掛けて側転に入る。

②側転で両足が上にきたところで、ロープを右足から左足に持ち替える。

③右足にロープを掛けたまま体を起こす。

Check 1 側転に入る前にロープをしっかり土踏まずに掛けているか。

Check 2 側転中に両足が上で揃う瞬間が作れているか。

Check 3 ロープを持ち替えるとき、右足からロープを放すようにしているか。

価値点0.3のAD

2 後方転回しながらの足投げ⇒投げの最中（ベース）＋回転中＋手以外

①右足の甲にロープの真ん中あたりを掛け、後方転回に入る。

②後方転回で右脚が真上よりも少し下あたりまできたらつま先を伸ばし、ロープを投げ上げる。

③後方転回を終える。

Check1 ロープの真ん中あたりを足に掛けているか。

Check2 ロープを足から放すタイミングは適切か。

Check3 膝、つま先が伸び、勢いのあるスムーズな後方転回ができているか。

3 後方転回しながらの持ち替え⇒特殊な手具のベース

①2つ折りにしたロープを横に回しながら、端側を首の後ろに挟んで、後方転回に入る。

②首で保持していたロープを、後方転回で後から床を離れる方の足の足首に引っ掛ける。

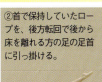

③右足にロープを掛け、起き上がる。

Check1 ロープを首に挟む前に横の回転を加えているか。

Check2 2つ折りにしたロープの真ん中あたりを足首に掛けているか。

Check3 後方転回はスムーズに回れているか。

4 もぐり投げ⇒投げの最中（ベース）＋回転中＋手以外＋視野外

①左足のつま先にロープを掛け、右脚を前に出し構える。

②もぐり回転しながら、左足が真上に来る少し前でつま先を伸ばしてロープを離す。

③ロープを高く投げ上げる。

Check1 もぐり回転は、スムーズにスピード感を出してできているか。

Check2 ロープを掛けているつま先の位置は適切か。

Check3 ロープを足から放すタイミングは適切か。

0.3のADに求められる「大きな投げ」は身長の2倍以上。それだけの高さが出せるものとなると「回転中」そして「手以外」にほぼ限られてくる。

手具操作の見せ場「AD」で点数を積み上げよう！

ポイント 18

投げを受ける最中の難しい手具操作でADの最高得点を狙う！

ADの中ではもっとも高い0.4を獲得できるのが、「受けの最中」をベースとしたものだ。たしかに高さのある投げをキャッチするのは難しい。思わぬミスが起きることもあり、ましてや投げのコントロールが難しいロープの受けでは、落下のリスクもある。さらには、巻きつけでキャッチした場合は、ロープの後処理がうまくいかないこともある。

しかも、AD0.4を得るためには、手具を高く投げ上げる必要があることで難易度も上がるが、AD0.4にはよく使われる「視野外」「手以外」の受けは、巻きつけが多用されており、そのためには落ちてくるロープの勢いが必要となるため、むしろ高い投げのほうがやりやすい面もある。ぜひ挑戦してみてほしい。

ここがポイント！

ADをたくさん入れないと点数が稼げない、という現在のルールは新体操の芸術性を損ねているという批判もあるが、どうせやるならポジティブな気持ちでADに挑戦したい。曲に合わせてリズムよく行うことでADも表現の1つにできるはずだ。

1 背面での足キャッチ⇒受けの最中（ベース）＋手以外＋視野外

①ロープの落下点を確認し、落下点よりも前に入る。

②ロープの落下点にくるように片脚を後ろに上げる。

③落下してくるロープを脚で受け、巻きつける。

Check1　ロープの落下点をきちんと見極められているか。

Check2　脚は床に対して平行以上に上げているか。

Check3　上げた脚は保持し、しっかりロープを巻きつけられているか。

価値点0.4のAD

2 側転しながらの首キャッチ⇒受けの最中（ベース）＋回転中＋手以外

①ロープの落下点の少し手前から側転を始め、首の後ろでロープを受ける。

②首にかけたロープが落ちないようにしながら側転する。

③側転を終えたら、ロープを首からはずす。

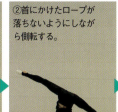

- **Check 1** 側転はスムーズに行えているか。
- **Check 2** ロープの落下点をきちんと見極められているか。
- **Check 3** 2つ折りにしたロープの真ん中近くを首で受けているか。

3 転回しながら足キャッチ⇒受けの最中（ベース）＋回転中＋手以外＋視野外

①ロープの落下点の少し先に手をつき転回に入る。

②転回中、ロープの落下点に届くように脚をしっかり伸ばす。

③落ちてきたロープを脚に巻きつける。

- **Check 1** ロープの落下点をきちんと見極められているか。
- **Check 2** 転回中の膝、つま先は伸ばせているか。
- **Check 3** ロープがしっかり巻きつくまで脚の高さを保持できているか。

4 ドルフィンでの足キャッチ⇒受けの最中（ベース）＋手以外＋視野外＋床上

①ロープの落下点で伏臥の体勢になる。

②ドルフィンでしっかり足を浮かし、落ちてきたロープをキャッチする。

③ロープを巻いたまま膝を引きつけ、正座の形になりロープを押さえる。

- **Check 1** ロープの落下点をきちんと見極められているか。
- **Check 2** 伏臥したときに足首のあたりが落下点にくる位置にいるか。
- **Check 3** ドルフィンで足先が十分に床から浮いているか。

ロープのキャッチは、ロープの端のキャッチだと難易度が高くなるが、巻きつけで受けるようにすると、「視野外」「手以外」などが入れやすくなる。ただし、しっかり巻きつけるためには、2つ折りを想定している場合は、開いてしまわずにロープが落ちてくる必要がある。まず投げをコントロールできるように練習しよう。

COLUMN 4

「ロープ」を頑張ると、学校の体育が楽しくなる！

　新体操は、じつは比較的運動が苦手でもできる競技だ。新体操では素晴らしい演技を見せる選手でも、球技は苦手とか泳げない、走るのが遅いなんていう例もけっこう多いのだ。

　毎日のように新体操の練習をしているのに、学校の体育ではあまり目立たない、むしろ体育の授業が苦痛だったという選手もいる。そういう子にとっては、「ロープ」はとても有効な手具だ。新体操をやっていてよかった！　と思う経験が学校でできる可能性が高いのだ。

　もちろん、マット運動なども新体操をやっている子は得意だが、今の学校体育ではマット運動の時間は少ないところが多い。その点、「縄跳び」はほとんどの学校でやる。それも体育の時間以外でもやることもあり、縄跳びの大会などをやる学校もある。

　新体操をやっている子たちは、たいてい毎回の練習の導入で縄跳びはやる。はじめは苦手な子でも、二重跳びくらいは軽々と跳べるようになるし、平然と長い時間跳び続けることもできる。普段の体育の授業では目立たなくても、縄跳びのときはスターだったという新体操選手は案外多い。

　子どものころに、自己肯定感を持つことができると、子どもは前向きに頑張れるようになる。学校の体育の授業でのちょっとした成功体験は、新体操だけでなく、その先のその子の人生にとっても少なからずよい影響を与えると思う。

　新体操は、なかなか学校の友だちの前で披露するチャンスが少ないので、子どもを新体操に通わせることに労力をかけている親御さんにとっては、見返りの少ないスポーツかもしれない。水泳やサッカーやバスケのように、学校体育でも活躍の場があるスポーツのようなわけにはいかないが、縄跳びでくらいはちょっといい思いができる。新体操をやっている子どもにとって、それがひとつの励みになり、自信になれば幸いだと思う。

　「学校の体育で活躍できる」ということが、ロープという手具に取り組むひとつのモチベーションになれば、と思う。

Part 5

演技に手具操作をどう組み込むか、を考えよう

作品中には必須なのが「BD」「S」「R」。
これらと手具操作はどう組み合わせるのか。
効率よく、そして作品をより魅力的にするための
手具操作の組み込み方を考えよう。

演技に手具操作をどう組み込むか、を考えよう

ポイント 19

確実にしたい基本的な「BD」（身体難度）と手具操作の組み合わせ方

個人競技の場合は、演技中に最低でも3個は「身体難度（BD）」を入れる必要がある。（シニア選手は最高9個、ジュニア選手は最高7個まで入れることができる）さらに、それは手具操作を伴って行われなければ、BDとしてカウントされない。

まずは、比較的容易なBDを選択して演技に入れていくことになるだろうが、それでも手具操作を同時に行うことはかなり困難だ。

ロープは形が定まっていない手具なので、持っているだけでは垂れ下がり体に触れてしまい、減点になる。身体難度と同時に行う操作では、エシャッペなどロープを長く使う操作は難易度が高いので、**比較的扱いやすい2つ折りでの操作から始め、徐々に様々な使い方ができるようにしていこう。**

ここがポイント！

エシャッペは、放したロープの片端をキャッチするのが慣れないうちは難しい。うまくコントロールできないと落下を防ぐために体勢をくずす場合が多いため、バランスと組み合わせるのは熟練度が上がってからにしよう。

基本的な「BD」と手具操作

1　アチチュード（0.1）＋エシャッペ　※かかとをおろして実施

①アチチュードの形をしっかり作り、ロープの片端を放す。

②頭上で、ロープで大きく弧を描いてから、片端をキャッチする。

Check 1 膝の位置が腰よりも上になっているか。

Check 2 軸脚は、内股になったり、膝が曲がったりしていないか。

Check 3 背中をまっすぐにキープしながらロープを操作できているか。

2　フルターンジャンプ（0.1）＋回し

①頭上でロープを回しながら、十分に膝を曲げる。

②膝の屈伸を使い、回転をつけながら垂直に跳び上がる。

③ロープを回しながら、空中で360度回る。

Check 1 ジャンプしたときのつま先はしっかり伸ばせているか。

Check 2 屈伸の力を十分に生かして高く跳び、ターンは360度きちんと回り切れているか。

Check 3 ジャンプ中にロープは1回以上回せているか。

3　パッセターン（0.1）＋ほどき

①ロープを2つ折りにして首にかけ、プレパレーション。

②左脚をパッセの形にして、回る。

③回転の勢いを利用して、首に巻いたロープをほどく。

Check 1 回転を始めて回り終えるまでに、かかとは十分上がっているか。

Check 2 パッセの形は正しくできているか。

Check 3 回転を終えるまでにロープがほどけているか。

現在は身体難度の許容が広がっており、バランス、ジャンプなどは、本来の正しい形（例：動脚が90度の高さ）よりもわずかな誤差であれば難度としては有効になっている。しかし、不正確な形や四肢が美しくない実施であれば、実施点（E）での減点になる場合もあり、元の価値点が高くない身体難度の場合は、点数がなくなってしまう。ベーシックな難度こそは、正確な実施を心がけよう。

演技に手具操作をどう組み込むか、を考えよう

ポイント20 得意な「BD」（身体難度）で挑戦したい手具操作の組み合わせ方

競技生活を重ねていき、試合の経験も積んでいく中で、少しずつでも得点を上積みしたいと考えれば、BDも徐々に上げていく必要がある。

バランス、ジャンプ、ローテーションとも少しでも高いレベルの難度に挑戦し、できるようになることは選手としての成長には必要なことだ。

ただ、自分にとっては挑戦となる難度を演技に取り入れる場合は、同時に行う手具操作は比較的やり易いものを選ぶようにしたい。

BDだけでも、きちんとできる確率が低いうえに、難しい操作を重ねてしまうと得点に繋げられる可能性が低くなってしまう。せっかく難しいBDに成功しても手具でミスしてしまえば、BDもカウントされないし、落下すれば減点にもなるので気をつけたい。

ここがポイント！

ジャンプに「くぐり抜け」を合わせるとロープに引っかかってしまうと実施減点になり、それを意識しすぎると後ろ脚の膝が曲がりやすい。まずはジャンプには持ち替えや回しなどを合わせよう。

やや高度な「BD」と手具操作

1 パンシェバランス（0.4）＋持ち替え　※かかとを床につけたままの実施

①右手にロープを持ち、上体をキープしたまま脚を後ろに高く上げていく。

②脚を真上に上げ、キープしながら軸足の後ろでロープを左手に持ち替える。

③張りを持たせながら、左手でロープを動かす。

Check1　動脚は180度以上の高さに上げ、上体は下げすぎずにキープできているか。

Check2　軸脚は、内股になったり、膝が曲がったりしていないか。

Check3　形をキープした状態のままで持ち替えができているか。

2 ジャンプターン（0.4）＋持ち替え

①ロープに張りを持たせながら、踏み切る。

②もっとも開脚したところで脚の下でロープを右手から左手に持ち替える。

③着地する前に持ち替え終えるようにする。

Check1　ジャンプしたとき、十分に開脚し、膝、つま先はしっかり伸ばせているか。

Check2　ロープは、張りをもって動かせているか。

Check3　ジャンプは十分な高さで跳び、しっかり脚の下で持ち替えができているか。

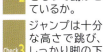

3 バックルターン1回転（0.3）＋つり下げ

①両手にロープを持ち、真ん中を腰の後におき、プレパレーション。

②一気にバックルの形を作り、両手をロープから放して回転する。

③1回転回ったら、かかとを下ろす。

Check1　回転を始めて1回転回り終えるまで、かかとは十分上がっているか。

Check2　動脚は十分に上がり、バックルの形は明確にできているか。

Check3　回転中にロープは張りを持っているか。

　ローテーションには、「身体の一部上による手具の不安定なバランス（つり下げ）」を組み合わせるのもおもしろい。ロープを2つ折りにしたり、1本で長く使ったりして、首や腰にかけてのローテーションは、不安定ではあるが、勢いよく回れば案外落ちにくく、ロープが広がって演技に大きさが出る。

演技に手具操作をどう組み込むか、を考えよう

ポイント 21 ベーシックな手具操作を伴うステップをやってみよう！

現在のルールでは必須要素となっている「ステップ」は、ジュニアの場合は1演技中に必ず2つは入れることになっている。

8秒間ひと続きの動きではっきり「ステップ」であると見える必要があり、リズムや方向、高さ、ステップの様式から最低2つの異なる動きを入れ、多様性があることが求められる。

ロープは、くぐり抜けをしながらのステップが使えたり、エシャッペで、ロープを使って演技を表情豊かにすることができ、ステップを演技の見せ場にしやすい種目だ。

まだ技術的にレベルが高くない選手の場合こそ、身体難度などで無理はせず比較的簡単な手具操作をステップと組み合わせた舞踏的な振り付けに挑戦してみよう。ぐっと演技の印象が上がるに違いない。

ここがポイント！

ロープの操作の練習をするときに、ただこなすのではなく、必ず音楽をかけてその曲を意識して動かすようにしよう。軽妙さ、やさしさ、強さなど、ロープは手具の動きで感情をも表現できるので、自在に扱えるようにしたい。

ベーシックな手具操作を伴うステップ

ロープを回しながら軽快にステップし、ロープを首に挟んでコミカルに

①左脚を少し曲げ、キュートなポーズをとりながら、2つ折りにしたロープを頭上で回す。

②左脚を前に一歩踏み出し重心をかけ、右脚を前に90度上げる。

③右脚を上げたまま、ロープを顎の下に挟む。

④右脚を下ろして両膝を曲げ、頭を前に下げてロープを両手で受ける。

2つ折りにしたロープを跳び越し、大きく体の伸びを見せる

⑤2つ折りのままのロープを、跳び越す。

⑥ロープを持ったまま両手を挙げ、側方に大きく伸びる。

⑦ロープを持った両腕を前に出し、体を波動させる。

⑧ロープの両端を左右の手に持ち、ロープを左右に大きくスイングさせる。

エシャッペから、曲にのせたチャーミングなステップでアピール

⑨スイングを終えたら、左手をロープから放し頭上で大きくエシャッペ。

⑩ロープの端を右手でキャッチし、2つ折りにしたら、体の向きを変えてロープを縦に回しながら大きく前に2〜3歩進む。

⑪体の向きを変え、プリエした右脚に重心をのせ、ロープをリズミカルに横回しする。

+1 「回し」はロープの中でも、もっともやり易い操作だが、頭上で回す、体の横で回すなど回す位置や、床に対して平行に回す、垂直に回すなど回す方向によってかなり違った印象を与えることができる。2つ折りだけでなく、3つ折り、4つ折りで回すこともでき、曲調に合わせて緩急をつけて回せば、曲表現におおいに生かすことができる。

演技に手具操作をどう組み込むか、を考えよう

ポイント 22 やや高度な手具操作を伴うステップに挑戦して演技に変化を加えよう

ロープの操作では、エシャッペや投げなど手から放すものが失敗しやすい。とくにステップで激しい動きなどを伴いながらエシャッペもやろうとすると、ロープの片端を浮かせている間の軌跡にも乱れがでやすく、片端キャッチにも失敗しやすい。

それだけに、エシャッペが効果的に入れられているステップは魅力的で躍動感があり、技術力の高さをアピールすることもできる。演技の中に少しずつでも難しい操作を入れていこうとするならば、まずはステップの中に取り入れるのがよいだろう。

ステップでは、難度ではない動きも入れられるので、難しい操作のときは比較的容易な体の動きを組み合わせ、手具操作に意識を注げるようにしたい。

ここがポイント！

エシャッペには、ロープの動かし方、動かす位置によって様々な種類があり、違う表情がある。曲調によって、緩急も使い分けることができればロープの演技を劇的に表現豊かなものにしてくれるはずだ。

やや高度な手具操作を伴うステップ

勢いのあるエシャッペから回転ジャンプの連続でスピード感を見せる

①左右の手にロープを片端ずつ保持しながら勢いよく前に大きく1歩踏み出し、左手からロープを放して宙に浮かす。

②左手でロープの片端をキャッチする。

③左右の手でロープを保持し、その場で2〜3回跳び越し。

④向きをを変えて、2〜3回回転ジャンプで進む。

ダイナミックにロープを動かし、くぐり抜けからエシャッペへつなぐ

⑤左脚をパッセして、右脚に重心をかけて立ち、ロープを大きく振り上げる。

⑥輪の中をくぐり抜ける。

⑦左手のロープを放し、エシャッペ。

⑧左手でロープをキャッチしたら、ロープを8の字に回しながら360度回る。

エシャッペから体の大きな伸びを見せ、バランスで柔軟性もアピール!

⑨左手からロープを放し、頭上で蛇形を描くようにエシャッペ。

⑩右手で片端をキャッチし、ロープを2つ折りにして大きく後ろに回しながら、右脚を後方に蹴り上げ、上体をロープと同じ方向に倒す。

⑪背面でロープの片端を左手に持ち替える。

⑫前に脚を高く上げ、前バランスで静止しながらロープを右腕に巻きつける。

+1 エシャッペで片端を取り損ねれば、実施で0.3の減点となるのはもちろんだが、ロープの軌跡が不正確な場合、跳び越しで足に引っ掛けた場合も0.3の減点となる。さらに、ロープが体の一部に巻きついてしまった場合は、0.5という大きな減点になる。形がなく、長い手具だけにロープは減点ポイントが多いので、正確な実施を心がけよう。

演技に手具操作をどう組み込むか、を考えよう

ポイント 23 フロアを大きく使う「R」をマスターして演技をダイナミックに!

　現在のルールでは、演技中に1回は「R」を入れなければならない。「R」は、1つの投げの間に2回転してキャッチしなければならず、初心者にとっては演技の中でもっとも緊張する技だろう。

　上級者になれば、投げ方、受け方でも点数が加算できるような「R」を入れてくる。

　また、「R」は、演技中に最高5回(ジュニアは4回)まで入れられるので、得点を伸ばしていくためには、演技中に「R」はより多く入れられるようにしていきたい。

　「R」は大きな投げを伴うため、これが多く入れられれば、フロアを大きく、ダイナミックに使うことができる。また、「R」

1 片手投げ+シェネシェネ+片端キャッチ+打ちつけ

①2つ折りにしたロープを片手で持ち、回しながらシャッセ。

②体の斜め前でロープを投げ上げる。

③ロープの位置を確認しながら素早く2回続けてシェネを回る。

Check 1　2回のシェネは切れ目なくスムーズに連続して行っているか。
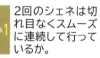

Check 2　投げの軌道を確認してシェネの方向を調整しているか。
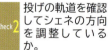

Check 3　きっちりシェネ2回を回り切ってからロープのキャッチに入っているか。
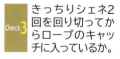

④シェネが終わったら、腕を斜め前に伸ばし、高い位置でロープの片端をキャッチ。

⑤片端をキャッチしたらもう片方の端を床に打ちつける。

⑥跳ね返ってきたロープの端をキャッチする。

58

基本的な「R」と手具操作

2　片手投げ+猫ジャンプ+お尻回り+座で両端キャッチ

①2つ折りにしたロープを片手で持ち、回しながらシャッセ。

②体の斜め前でロープを投げ上げる。

③ロープの投げの方向を確認し、その方向へ猫ジャンプ。

Check1	ロープの投げに十分な距離と高さは出ているか。
Check2	ジャンプとお尻回りの間が途切れていないか。
Check3	座になってから移動せずにキャッチできているか。

④着地したらすぐに座になり1回転する。

⑤ロープの落下点を確認して、腕を伸ばしなるべく高い位置でロープの両端を左右それぞれの手でキャッチする。

⑥ロープの真ん中あたりを足で床に押さえ、ポーズをとる。

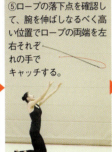

に伴うシェネやアクロバット要素は演技にスピード感を与え、演技をエネルギッシュなものにしてくれる。

　キャリアの浅い選手にとっては、「R」は高いハードルかもしれないが、まずはベーシックな投げ受けで、投げの間に行う回転の種類や組み合わせを増やすことに挑戦してみよう。

　初心者や投げ受けに自信のない人は、ミスの出やすいキャッチはなるべく容易なもので、同じ回転×2（シェネシェネや2回前転など）からはじめ、慣れてきたら回転

中に「猫ジャンプ+お尻回り」のように回転軸や高さの変化を加えてみたい。

ここがポイント！

「R」がカウントされるためには、2回の回転の間に中断があってはならない。また、手具のキャッチは回転中または回転の直後に行わなければならない。正確な実施を心がけよう。

 技術が向上してくれば、演技中に入れる「R」の回数を増やしたいが、同じ投げ方ばかりだと「多様性の欠如」ということで実施減点が入る可能性がある。さまざまな投げ方ができるように練習していこう。

演技に手具操作をどう組み込むか、を考えよう

ポイント 24

投げ受けにもひと工夫ある高度な「R」に挑戦してみよう!

「R」でより高い点数を得るためには、投げや受けの際に、ただ「手で投げる」「手で受ける」ではなく、「視野外」「回転中」「手以外」など追加基準を満たす投げ受けを行う必要がある。

しかし、「R」はただでさえ、投げの間に2回転しなければならないので、投げの距離や高さが必要だ。それも、予定していた位置から大きく離れた投げになってしまい、**回転を終えたあとに移動したり、キャッチまでに間が空いてしまうと、「R」そのものがカウントされなくなってしまう。**

投げ方の難易度を上げれば投げの高さや方向をコントロールすることは難しくな

1 パンシェ投げ+シェネ+側転しながら首でキャッチ

①左足にロープを掛け、右足を一歩前に踏み出す。

②右足に重心を移し、左足を後ろに振り上げロープを足で投げ上げる。

③ロープの飛んだ方向に向かってシェネ。

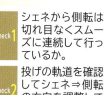

Check1 シェネから側転は切れ目なくスムーズに連続して行っているか。

Check2 投げの軌道を確認してシェネ⇒側転の方向を調整しているか。

Check3 ロープの落下点を見定め、側転を適切な位置で行っているか。

④ロープの落下点を見極め、その下に向かって側転に入る。

⑤側転しながら、落ちてくるロープの真ん中あたりを首の後ろで受ける。

⑥ロープを保持したまま側転を終える。

やや高度な「R」と手具操作

2　前方足投げ＋猫ジャンプ＋足キャッチ

①左足にロープを掛け、右足を一歩前に踏み出す。

②前方転回しながら左足に掛けたロープを投げ上げる。

③投げの方向を確認しながら、シャッセ。

Check1　前方転回はスムーズに回れているか。

Check2　ロープの投げには、十分な高さが出ているか。

Check3　ロープが落ちてくる前に脚を前に出し、巻きつくまで保持できているか。

④ロープの落下点に向かって猫ジャンプする。

⑤着地したら、ロープの落下点に向かって脚を上げる。

⑥落ちてきたロープを足に巻きつけてキャッチする。

り、受け方の難易度を上げれば、投げが狂ったときに対処することが難しくなる。そのリスクがあるからこそ、点数は高くなっているのだが、**取り入れる際はその時点での自分の能力や、目の前の試合での目標などを考え併せ、無理をするのではなく、段階を経て少しずつ難しいものに挑戦するようにしよう。**

失敗しないことを優先したほうがよい時期に無理は禁物だが、シーズンオフで次の試合までに時間があるときや、予選通過などがかかっていない力試しで出られる試合などで、思い切って難易度を上げた「R」に挑戦するとよいだろう。

ここがポイント！

ロープは足に掛けて投げることができるので、前方転回しながらや、もぐり回転しながらなど、「手以外＋回転中」の足投げがよく使われるが、少しタイミングが狂うとライナーになりがちだ。個人演技の場合は、なるべく高く、上に投げ上げるように意識しよう。

 投げに回転を伴った場合は、手具が空中にある間の回転は1回でいい。回転を伴う投げは難易度が高いが、回転を伴う投げにしたほうが、キャッチの前に余裕ができることもある。

COLUMN 5

「あきらめない」という最強の才能

　2019年10月の全日本選手権は、この試合が最後の試合という選手が多かった。それも、全日本でも上位に入るような選手たちだったから、とても寂しい気持ちになったものだ。

　その1週間後、イオンカップが行われ、そこに桜井華子選手が出ていた。桜井選手も大学4年生で、この年の全日本選手権が最後の試合かと思っていたが、所属クラブがイオンカップへの出場を決めていたため、1週間引退が延びた形になっていたのだ。

　イオンカップ3日目が、桜井選手の最後の演技となったが、フープとボールを見事なノーミスで演じきった。演技後にガッツポーズがとび出し、笑顔が弾けた。まさに有終の美だった。

　桜井選手は、ジュニア時代から全日本ジュニアには駒を進めるような選手ではあったが、決して上位ではなかった。全日本チャイルドにも出場していたそうだが、真ん中よりも下の順位だったという。同じ学年には、チャイルド、ジュニア時代から活躍している選手が多く、ジュニア時代の桜井選手には、自分の選手生活の最後にイオンカップでの会心の演技という結末が待っているとは想像できなかったのではないだろうか。

　最後にたどりついたところを見れば、身体能力も高く、表現力も秀でた選手だった。が、はじめからそうだったわけではないし、頑張った末によい結果に恵まれる保証なんかなかったと思う。もちろん、それは桜井選手に限ったことではない。どの選手も同じだ。

　どんなに苦しい練習でも、それをやりさえすればよい結果がつくという保証があるなら、たいていの人は頑張れる。しかし、最後によい結末が待っているなんてことはそう多くないのだ。それでも頑張れる、それでもあきらめない、そんな人だけが、時には最高の終わりを迎えることができる。桜井選手はその稀有な例だったように感じた。

　新体操をやっている間は、つらいことも、絶望することも多いと思う。それでも「あきらめない」その力は何物にも代えがたい才能なのだ。

Part 6

実際の作品をもとに演技の構成を学ぼう

まだ試合に出始めたばかりの選手
少し上をめざし始めた選手
それぞれをイメージして作った作品を写真で詳しく解説。
自分の作品作りの参考にしよう！

実際の作品をもとに演技の構成を学ぼう

ポイント 25

ベーシックな作品に BDやAD はどう入れるか 実際の作品に学ぼう！①

ロープの個人競技は、ジュニアでしか行われていない。ジュニアの個人演技では、①身体難度（BD）⇒最低3、最高7 ②ダンスステップコンビネーション（S）⇒最低2 ③回転を伴ったダイナミック要素（R）⇒最低1 ④手具難度（AD）⇒最低/最高なしを入れることが必須となっている。

演技冒頭での
ローテーションをしっかり決めよう

①左足を前に1歩出し、たロープを両手で広げ、2つ折りにし、るように持ち、右手に端がく、頭上で回す。

②右足を前に踏み出し、左手からロープを放して頭上で回す。

③ロープを頭上で回しながら、アチチュードターンで1回まわる。
[BD/0.2]

④回転し終えたら右のつま先を床から浮かしながら、ロープをを前から後ろに回す。右手に持った

ここがポイント！

FIGの育成プログラムの個人規定演技（11〜12歳）だと、BDは5、Sが2、Rが1、ADが1、アクロバット要素2となる。ただし手具操作はまんべんなく入れることが求められている。（⇒p.94参照）

64

比較的ベーシックな構成①

最初にリスキーな背面投げを入れて、演技にインパクトを！

⑤右足を一歩前に踏み出し、ロープを前から後ろに回す。

⑥右腕の肘を曲げて背中の後ろでロープを投げ上げる。

⑦ロープの飛んだ方向を確認しながら連続のシェネ。

⑧落ちてきたロープの片端を右手でキャッチする。[R/0.4]

ロープを体に巻きつけて、柔らかい動きを見せる

⑨片端を持ち、ロープを長くしたまま床と水平に大きく回す。

⑩波動しながら、ロープを体に巻きつけてほどく。

⑪体からほどいたロープの片端を右手に持ち、2つ折りにしてポーズ。

⑫シャッセしながら、ロープを投げ上げる。

Rはしっかり回り切り、移動なしのキャッチを目指して！

⑬ロープの飛んだ方向を確認しながら、猫ジャンプ。

⑭お尻回りで1回転して着地点に入る。

⑮膝立ちになり、落ちてくるロープに手を伸ばす。

⑯両端をそれぞれの手でキャッチし、身体の前で八の字に回す。[R/0.4]

+1 演技に技を入れる順番は選手の性格や技量によって工夫しよう。キャリアの浅い選手にとってRは緊張するものなので、先に入れてしまえば、そこでミスが出たとしても、残りの演技に落ち着いて取り組めるという利点もある。ミスが出ると立て直せないタイプの選手ならば、難しい技は最後に入れるようにし、演技の他の部分への影響を最小限にするという手もある。

実際の作品をもとに演技の構成を学ぼう

ポイント26 ベーシックな作品にBDやADはどう入れるか 実際の作品に学ぼう！②

ジュニアでも最低3つは身体難度（BD）を入れなければならないが、いずれも手具操作を伴わなければBDはカウントされない。能力以上に難しいBDを選択してしまうと、手具操作中に落下やバランスを崩すなどのミスが起きやすいので、無理なく確実に実施できるBDを選ぼう。

パンシェ⇒開脚ジャンプで柔軟性をアピール！

①上体をキープしながら、2つ折りにしたロープを床と水平に回し、左足を後ろに上げていく。

②十分に足を上げ、パンシェの形をキープしながらロープを脚に巻きつける。
[BD/0.4]
※かかとを下ろしての実施。

③ほどいたロープの両端をそれぞれの手に持ち、シャッセ。

④ロープを跳び越しながら開脚ジャンプ。
[BD/0.4]

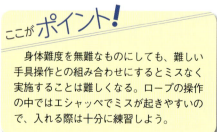

ここがポイント！

身体難度を無難なものにしても、難しい手具操作との組み合わせにするとミスなく実施することは難しくなる。ロープの操作の中ではエシャッペでミスが起きやすいので、入れる際は十分に練習しよう。

比較的ベーシックな構成②

リスキーな足投げにも挑戦しよう！

⑤ロープの真ん中あたりを左足の土踏まずに掛け、右足を一歩前に踏み出す。

⑥前方転回しながら、一番高い位置に足がきたらつま先を伸ばしロープを投げ上げる。
[AD/0.3]

⑦落ちてきたロープの片端を右手でキャッチする。

⑧浮いている方のロープの端を床に打ちつけ、跳ね返ってきたところをキャッチ。

フェッテバランスは確実に、美しさを見せて。

⑨2つ折りにしたロープを右手に持ち、体の前で回しながら横バランス。

⑩体の向きを90度変え、膝を前に出したパッセ。

⑪前バランスしながら、ロープを投げ上げる。
[BD/0.5]

⑫膝立ちして、脚の下に腕を通して落ちてきたロープをキャッチする。
[AD/0.4]

軽やかに、チャーミングにステップを踏もう！

⑬右足のステップをしながら左手をロープから放す。

⑭ステップを踏んでパッセの足を入れ替えながら、ロープの端をキャッチ。

⑮ロープの両端をそれぞれの手に持ち、回転しながら跳び越す。

⑯エシャッペをしながらリズミカルに足を左右交互に横に出す。
[S/0.3]

+1 ジャンプに「くぐり抜け」を合わせると、ロープを引っ掛けないように意識しすぎて、後ろの脚が曲がってしまうことが多い。まずは脚下での持ち替えや、回しなどジャンプに影響の出ない操作を組み合わせるとよいだろう。ジャンプが確実に、美しく跳べるようになってきてから「くぐり抜け」には挑戦しよう。

67

実際の作品をもとに演技の構成を学ぼう

ポイント 27 ベーシックな作品にBDやADはどう入れるか 実際の作品に学ぼう！③

ロープの演技では、他の種目以上に「足先」が目立つ。手具自体にあまり存在感がないことやロープの演技ではジャンプが多くなりがちなことなどがその所以だ。

縄跳びのように連続してロープをくぐり抜けたり、二重跳び、回転ジャンプしながらのくぐり抜けなどは、つま先が伸びていないと跳ぶたびに悪い印象を与えてしまう。しかし、床から離れるつま先が美しければロープは自分の良さを一番アピールできる種目になるのだ。

エシャッペから側転に続けてダイナミックなジャンプターン！

①エシャッペしながらのステップ。

②ロープの端が浮いている状態で側転し、ロープを首の後ろでキャッチ。[AD/0.2]

③首にかかったロープを2つ折りで右手に持ち、脚の下で持ち替えながらジャンプターン。[BD/0.4]

ここがポイント！

ジュニアの演技にはADは必須ではないが無理なく挑戦できるものなら、1〜3個くらいはADを入れてみてもよいだろう。選手にとって取り組み易いものから挑戦しよう。

比較的ベーシックな構成③

リズミカルに、0.2のADを決めよう!

⑤左足を上げ、足に向かってロープを回す。

⑥ロープを脚に巻きつける。

⑦脚にロープを巻きつけたまま側転する。
[AD/0.2]

⑧膝立ちになり、2つ折りにしたロープの端側を左手で持つ。

体を大きく動かしてステップで魅せる!

⑨2つ折りにしたロープの両端をそれぞれの手に持ち上下に引っ張りながら、左足を一歩前に出す。

⑩左足を前パッセ、右足もやや膝を曲げたポーズでロープで風車をする。

⑪ロープの両端をそれぞれの手に持ち、二重跳び。
[S/0.3]

⑫両手で持ったロープを後に回しながら、左手をロープから放す。

背面キャッチの連続でテクニカルに。

⑬いったん放したロープの端を左手で背面キャッチ。

⑭ロープを後から前に回し、跳び越す。
[AD/0.2]

⑮ロープを2つ折りにして投げ上げる。

⑯ロープの落下点を確認し後に脚を上げてロープをキャッチする。
[AD/0.4]

+1 演技の最後には「投げ」を入れることが多い。たしかにラストに、投げ⇒キャッチ⇒ラストポーズがバシッと決まれば演技が締まる。しかし、最後に「R」を持ってくるのはキャリアの浅い選手にはけっこうプレッシャーになる。投げている間に2回転するとキャッチの体勢がとれない選手も多いからだ。そんな時はAD0.4を得られる「大きな投げからの受け」に挑戦してみるのもよいだろう。

実際の作品をもとに演技の構成を学ぼう

ポイント 28 レベルアップをめざす 少し難易度をあげた構成を 実際の作品に学ぼう！①

作品のレベルを上げるには、身体難度のレベルを上げたり、ADの数を増やす、Rを加点のつくより難しいものにするなどの方法がある。しかし、その前にそれまでやっていた演技内容をかなり正確にやれるようになっておくことが前提となる。無理をしてミスが増えることがないようにしよう。

軽快なジャンプとエシャッペで<mark>チャーミング</mark>に演技を始める

①顔が見えないポーズでのスタート。背中や腕のラインを意識して。

②2つ折りにしたロープを跳び越す。

③跳び越し終えたら、ロープは2つ折りのまま首に巻きつける。

④ロープの片端だけを持ち、首からロープをほどきながらそのままエシャッペにつなげる。

ここがポイント！

手具操作の難易度を上げるなら、Rでの投げや受け、ステップなどにしよう。Rでの投げ受けがレベルアップすれば加点もつくし、ステップを見せ場にできる手具操作が入れば演技の格も上に見える。

レベルアップをめざした構成①

ロープを跳び越しながらのステップで楽しい雰囲気に!

⑤ロープの片端をキャッチして、そのままロープを前から後に回して跳び越す。

⑥さらにロープを跳び越しながら左右交互に足を横に出すステップ。

⑦足を左右交互に出すステップのまま、エシャッペをする。

⑧ロープを跳び越しながら回転ジャンプ。
[S/0.3]

0.2ADからフェッテバランスを確実に決めて

⑨右手にロープの片端を持ちエシャッペ。

⑩側転しながら、浮いているロープの片端を足で挟む。
[AD/0.2]

⑪足に挟んだロープの片端を右手に持ち、もう片端を浮かしながら横バランス。

⑫体の向きを90度変え、浮いている片端を右手でキャッチしながら前バランス。

ADの連続で熟練度をアピール!

⑬前パッセしながら、ロープを投げ上げる。
[BD/0.5]

⑭ロープの落下点に入り、足を後ろに上げて巻きつけてキャッチする。
[AD/0.4]

⑮ロープの両端をそれぞれの手に持ち、ロープの長さの2対1くらいのところを足に掛ける。

⑯ロープを足に掛けたまま前方転回する。
[AD/0.2]

演技の冒頭には、インパクトのある投げ受けを入れたり、身体難度のレベルの高いものを入れたりするのも「つかみ」としては良いだろう。しかし、この作品のように冒頭でまずステップで踊りまくるというのも、観客を惹き込む構成とも言える。演技が始まって15秒くらいはその選手や演技の印象が決まる重要なポイントとなる。そこに自分が一番アピールできるものを入れるようにしたい。

71

実際の作品をもとに演技の構成を学ぼう

ポイント 29 レベルアップをめざす 少し難易度をあげた構成を 実際の作品に学ぼう！ ②

演技の中では、たいていの選手にとってRが緊張を伴うものになると思う。ミスした場合に減点も大きいし、次にやるべきことにも影響が出てしまう可能性が高いからだ。

しかし、ロープに関しては、たとえ落下したとしても遠くに転がることもない。あまり怖がらずに挑戦してみよう。

スピード感のあるフェッテを しっかり決めよう

①2つ折りにしたロープを首に巻きつけてフェッテターン。

②回転しながら首からほどき、ロープを右手に持ち、回転中に体の後で持ち替える。

③アラセゴンドの形で回転を終える。
[BD/0.3] ※3回転の場合

④左手でロープの片端だけを持ち、ロープの真ん中あたりを足の土踏まずに掛けて前方転回に入る。

ここがポイント！

レベルの高い身体難度に挑戦する場合、まだ完全にはできなくても、まったく認めれらないのではなくワンランク下がるだけのものもある。自分にとっては挑戦の身体難度も演技に徐々に入れていこう。

レベルアップをめざした構成②

Rを確実に決めて、バックルターンにつなげる

⑤前方転回しながら足でロープを投げ上げる。

⑥ロープの飛んだ方向を確認しながら連続のシェネ。

⑦落ちてきたロープの端と真ん中をキャッチして、頭上で回す。[R/0.5]

⑧ロープの真ん中が腰にくるように腰にロープを置き、バックルターン。[BD/0.3]

パンシェ、ジャンプターンで柔軟性を見せて

⑨2つ折りにしたロープを足首に掛け、後方転回する。[AD/0.2]

⑩後方転回を終えたら、ロープを2つ折りにしたままそれぞれの手で端を持ち、パンシェしながら体の前で回す。[BD/0.4]

⑪2つ折りにしたロープを脚の下で持ち替えながらジャンプターン。[BD/0.4]

（左手に持ち替え）

2度目のRも落ち着いて決めよう

⑬ロープを2つ折りにしたまま投げ上げる。

⑭ロープの飛んだ方向を確認しながら、猫ジャンプ。

⑮ジャンプから続けてお尻回り。

⑯ロープの落下点で膝立ちになりキャッチに備える。[R/0.3]

身体難度を上げるときは、すでに入れている難度のワンランク上のものにすると比較的スムーズに移行できる。フェッテバランスなどははじめは90度で行っていたものを180度にすれば価値点が0.3から0.5にあがる。かかとを上げてのローテーションは1回転増えれば0.2価値点が上がる。今できていることを発展させてレベルアップを目指そう。

実際の作品をもとに演技の構成を学ぼう

ポイント30 レベルアップをめざす 少し難易度をあげた構成を 実際の作品に学ぼう！③

ステップは必要な基準を満たしていれば、1回につき0.3を得ることができる。（⇒ポイント21、22参照）ステップ中にはBDやADを入れることもできるが、入れてもステップの価値点0.3は変わらない。**ステップは無理に難しいものを入れるのではなく、思いきり魅力的に踊ることを心がけよう。**

0.2ADからアチチュードターンのプレパレーションに入る

①膝立ちのまま、ロープの真ん中を膝で押さえ両端をそれぞれの手でキャッチ。

②右膝を前に出し、右脚の下に右腕を通し、2つ折りにしたロープをその体勢で回す。

③ロープを回しながら、前転する。
[AD/0.2]

④立ち上がり、ロープは2つ折りのまま右手で持ち頭上で回しながらプレパレーション。

ここがポイント！

自分の作品ができると、その完成度を上げることに必死になってしまいがちだが、基本が狂っていれば、演技の通しもうまくはいかない。行きづまったときは基本を見直してみよう。

レベルアップをめざした構成③

アチチュードターンからもぐり回転のADにつなげる

⑤ロープを回しながらアチチュードターン。[BD/0.2]

⑥ロープの片端を手から放す。

⑦もぐり回転しながら片端をキャッチする。[AD/0.2]

⑧ロープの両端をそれぞれの手に持ち、シャッセ。

ジャンプにエシャッペの連続で、空間を大きく使おう

⑨開脚ジャンプしながらエシャッペ。[BD/0.3][AD/0.2]

⑩右足を一歩前に出しながら左手からロープの片端を放す。

⑪浮いている片端をキャッチし、右足をパッセにしながらロープで八の字をかく。

⑫右足を大きく一歩出し、右腕を前に出してロープを巻きつける。

巻きつけでチャーミングなポーズを見せてADで演技を締める!

⑬ステップを踏みながら腕に巻いたロープをほどく。[S/0.3]

⑭ロープを2つ折りにして投げ上げる。

⑮ロープの落下点に入り、側転しながら首の後ろでキャッチ。[AD/0.4]

⑯2つ折りにしたロープを上下に引っ張るようにしてポーズ。

+1 演技をレベルアップしようとすると、身体難度も手具操作も、あれもこれも難しいものにしたくなると思う。しかし、一気にあれこれ変えてしまうと、演技がまとめられなくなりかえって点数も下がってしまいかねない。ミスによる減点が大きい今のルールではなおさらだ。欲張らずに1つずつ着実に上げていく、それがレベルアップの近道なのだ。

COLUMN 6

操作でも表現を伝える! 「ロープ」は、男子新体操に学べ!

　日本には、男子の新体操もある。女子の新体操とは様々な点が違っているが、個人競技には「ロープ」があり、これだけは手具も女子とまったく同じだ。素材や重さなど、男子も女子とまったく同じロープを使っているのだが、男子のロープの演技を見てみると、まるで違う手具のように動き方が違う。

　現在のルールでは、女子の手具操作の進化が著しいので、手具操作だけを比べれば女子のほうが技術は高く見える。同じ90秒間の演技でも、圧倒的に女子のほうが手具は動いている印象だ。しかし、ロープだけは、男子の操作に感心することが多い。以前、男子のトップ選手がフェアリージャパンのメンバーにロープ操作の講習をしたことがあるとも聞く。男子選手のロープ操作には学ぶべきものがあるのだ。

　改めて比べてみると、ルールの差もあるとはいえ、男子のロープ操作には女子よりも緩急がある。ロープの素早い動きと、あえてゆっくり動かすところを使い分けているのだ。とくにロープが得意な選手になると、「ロープの動きでも表現する」という意識は女子よりも高いように感じる。女子ほど、技が詰め込まれていないという差はあるとは思うが、だからこそ、ロープの片端を放した操作では長く動くロープの先端の動きまで生かして表現しようという意欲が伝わってくる。宙返りしながらでも、まるで「ロープと踊っている」ように見える選手もいるのだ。

　女子の場合は、ロープを操作しながらも、身体難度に気をとられ、ロープの端々にまで意識がいかないことも多い。また、しっかりロープの動きを見せきれず、次の操作に移ってしまうこともある。手具操作でも表現を伝える、ということに関しては男子新体操のロープには学ぶべきところが多いように思う。

　女子ではあまりやらないような操作を取り入れている選手も多く、作品を作るときのヒントにもなる。男子新体操のロープにはちょっと注目してみてほしい。

Part 7

よりレベルの高い作品作り、精度の高い演技をめざすには

自分の演技をよりレベルアップするためには
何ができるのか？
作品作りから日頃の過ごし方、新体操を続けていくためには
今ある課題にどう向き合うか、を考えよう。

よりレベルの高い作品作り、精度の高い演技をめざすには

ポイント 31
魅力的なテーマ、曲に出会うために日頃からどう過ごすか

90秒間の演技を魅力的なものにするためには「テーマ」はひとつの重要なカギになる。しかし、正直なところ、まだ新体操のキャリアの浅い選手や幼い選手にそこまで求めるのは酷というものだろう。とくに「愛」や「平和」のような抽象的なテーマを表現することは大学生でも難しいものだ。

はじめのうちは「テーマ＝曲」と考えてみよう。曲のイメージを演技で表現する、楽しい曲は楽しそうに、切ない曲では物憂げにだ。また、曲自体がテーマをもっているならば、そのテーマに沿った演技をめざそう。映画やドラマのサウンドトラックや舞台音楽ならば、作品こそがテーマと考えよう。作品に描かれているストーリーや世界観、または主人公のパーソナリティーなどを、新体操の演技を通して伝えられるようにしたい。

そのためには、まずはその作品を見て雰囲気をつかむ、理解を深めることが重要だ。あるインターハイ優勝を目指していたチームは、インターハイに向けての練習がもっとも激しくなっていた時期に、自分たちの使っていた曲の出典であるミュージカルを選手全員で観に行ったそうだ。結果、そのチームは表現力豊かな演技で、その年のイ

ここがポイント！

幼いころは、みんな同じ曲と振り付けということもあるだろう。そういうときこそ、自分の個性はなにか、どうすればそれが同じ演技の中で際立つかを工夫しよう。笑顔、リズム感、スピード感、または美しい動きなど、自分の強みをしっかりアピールしたい。

魅力的なテーマ、曲探し

ンターハイを制した。ただ、体育館で練習しているだけでは得られない力が、彼女たちの演技にはたしかにあったのだ。

　テーマや曲が、ただ与えられたものか、自分で選び取ったものなのかは、演技に如実に表れてくる。試合に出始めたばかりのころは、先生から与えられた曲や、先輩のおさがりの曲ということもあるだろうが、いずれ「どんな曲でやるか」も自分の意思で決めることが求められるようになる。そのときになって何もない、思いつかない、ということにならないために、日頃から身の周りで流れている音楽、映像作品、創造物などにはなるべく関心をもっておこう。様々な表現に触れることで、自分の引き出しを増やし、常に「自分だったらどうしたいか」を考える習慣をつけたい。

　また、日々の生活の中での感情の動きや、目に映る風景や季節ごとに変わる風や空気など、すべてに対して敏感であるように心がけたい。そういった豊かな感性を持った選手ならば、たとえば同じ曲と振り付けで踊ったとしても、ひと味違う自分なりの表現をすることができるようになる。

　できない技を習得したり、ミスを減らすための練習は体育館でできる。が、感性や表現を磨くことは、体育館にだけいて、新体操のことだけを考える生活の中ではできない。この競技を続ける限りは、練習はなによりも大切なものだ。が、一方で、練習以外のこと、新体操以外のことを通じてしか身につかない力があり、その力によって選手としての最終到達点は変わっていくのだ。

> ### ロープの定番曲たち
>
> 　ロープの演技はスピード感のある曲のほうが踊りやすい傾向にあり、「くまん蜂の飛行」や「剣の舞」「座頭市」などロープを跳びながらのステップなどが入れやすい曲がよく使われている。また、「チャルダッシュ」「ハンガリー舞曲」などに代表されるピアノやバイオリンの速弾きの曲もロープには向いているだろう。
>
> 　民族音楽と言われる海外の曲にも、ロープによく使われる有名な曲が多い。ヨーロッパやロシアなどの音楽は、民族舞踏に根付いたものが多いのであたってみるとよいだろう。

 海外の選手の中でも卓越した表現力で日本でも人気があったアンナ・ベッソノワ（ウクライナ）は、作品ごとにしっかりテーマを持って演じることのできる選手だった。記者会見などでも彼女は、自分の言葉で饒舌にテーマを語ることができた。チャンピオンになるような選手でもみんながそうというわけではない。アンナにあこがれる選手は多かったが、彼女のその感性と知性こそはめざすべきものだった。

よりレベルの高い作品作り、精度の高い演技をめざすには

ポイント 32 細かい減点を防ぐために生活の中で何ができるか

　試合に向けて、自分の演技をやり始めたばかりのころは、まずは手具を落下せずに演技を通すことが目標であり、夢だろうと思う。しかし、だんだんと熟練度が上がってきて大きなミスをすることなく演技が通せるようになっても思ったほど点数が伸びていかない、という停滞期を経験する人も多いと思う。落下があるうちは、「落としたから点数が下がった」と納得できるだろうが、落とさなかったとしてもやはり点数が低い場合は、以下のことを見直してみよう。

【身体難度（BD）】難度は要求を満たす形で実施できているか。開脚度やジャンプの高さ、回転が回り切れているかなど。難度のレベルを下げることできちんとカウントされるようになる場合もある。

【投げ受け】ロープは張りを保ち、美しい軌跡で投げられているか。キャッチするときにロープの端を余らせていないか。回転を伴う投げ受け（R）の場合は、回転が回り切れているか。回転し終えたら間をあけずにロープをキャッチできているか。

【手具操作】軌跡が見えるように張りをもたせて操作できているか。ロープが垂れ下がることなく、生きているように動かせているか。

ここがポイント！

新体操の減点ポイントはひとつひとつ見ていくと、どれもとても細かい。しかし、その細かい小さな差の積み重ねが、大きな得点差になっていくのだ。とくに身体的な欠点や癖は、克服できればかなり点数を拾うことができるので、努力のし甲斐があるはずだ。

減点を減らす生活習慣

【実施】膝やつま先は伸ばせているか。内股や猫背、骨盤のずれなど姿勢欠点はないか。かかとは高く上げられているか。演技中にムダ足はないか。

とにかく「手具を落とさないで演技を通そう」ということに必死になっていると、「とりこぼし」が増えてしまう。こういった小さなことを地道に改善していくことで、点数は少しずつ伸びていく。

「とりこぼし」を減らすには、練習あるのみだが、練習時間以外にもできることがある。

◆普段の生活から、姿勢の良さ、足運びの美しさを意識する。授業を受けているときも、食事のときも、背筋を伸ばし、つま先も伸ばす。立っているときは、股関節から脚を開くことを意識し、なるべく膝を入れるようにする。

◆何か新しいことを習得する過程で、成果が出ることを焦らない。習得に時間がかかっても「正しいやり方」を身につけることを意識する。

◆大会を観戦したり、動画などで上手な選手の演技を見る機会を多くもつ。同じ身体難度や手具操作でも、うまい選手と自分ではどこが違うのか。その違いを意識しながら見るようにする。

◆学校の体育や他のスポーツにも積極的に参加する。新体操に必要なコーディネーション能力は様々なスポーツや遊びの体験で伸ばすことができる。

普段の行動や考え方などを少し変えることが、新体操の上達につながっていくことを常に念頭においておこう。

> ### 失敗しない選手たち
>
> 減点箇所や落下などのミスの少ない選手に共通しているのは、自分に厳しく、合格基準を高く設定していることだ。投げ受けひとつにしても、取れればOKではなく、ロープなら空中で張りをもっているか、端を取れてるかまでこだわった練習をする。そのため、「10回OKになるまで」のような練習では周りの子に後れをとってしまうこともある。が、早さを競うのではなく正確さにこだわれるのは才能ともいえる。
>
> スタート地点では秀でているようには見えないかもしれないが、こういうこだわりをもった練習ができる選手は、必ず上達するのだ。

 減点の少ない「正しい演技」をめざすために必要なのは良いお手本だ。身近にはいない場合は、動画などをぜひ活用して「うまい選手」の体の動きや、所作、手具の扱いなどがいかに美しく、理にかなっているかをまず脳に刷り込んでいこう。理想をもっていないところで指導者から指摘を受けても、それが何のためなのか理解できなければ上達にはつながらない。

よりレベルの高い作品作り、精度の高い演技をめざすには

ポイント 33 新しい作品への取り組み始めから仕上げまでの過程を知ろう

　試合に向けて、自分の演技の構成が決まったら、そこから試合当日までは、その完成度を上げていく練習を日々繰り返すことになる。まだ演技も覚えていないくらいの時期と、試合直前では練習の仕方も違ってくるので、段階ごとにどこに留意して練習するとよいかをまとめてみる。

【STEP1】演技完成〜通せるようになる
曲を何回も聴き、頭の中では演技が通せるまでイメージトレーニングをする。⇒演技の中に入っているまだできない操作、投げ受け、身体難度などを練習する（全員でやるアップやバーレッスンの中でも意識してトレーニングする）⇒演技をいくつかのパートに分け、フレーズごとに練習する。フレーズのつなぎ目は、重なるように練習しよう。⇒通し練習をする。たとえミスはしてもできるだけ1日1本は通すようにしよう。

【STEP2】演技の完成度を上げていく
苦手な部分、ミスが起きやすい部分の練習に時間を割こう。苦手な投げ受けや技は、1日10回など目標を立てて記録しながら上達の実感がもてる工夫をして練習しよう。⇒どうしてもやりにくい部分は指導者に相談して、難度や技を変えたり、順番を入れ替えるなどの工夫をしよう。⇒技や難

ここがポイント！

技の成功、失敗を記録するノートを作ったときは、なにか気づきがあれば、それも併せて記入しておこう。うまくいったとき、失敗したときにどうだったのかが分かれば感覚が狂ったときに修正する手助けになる。

作品の完成までの過程

度以外の部分での腕の使い方、顔の使い方など表現に関する部分も意識しながらフレーズ練習をしよう。

【STEP3】演技の見せ方、ミスへの対処を学ぶ

通し練習の回数を増やそう。途中でミスが出てもそこからどうカバーするかも練習するようにしよう。⇒ミスへの対処の仕方の引き出しを増やしていく。⇒余裕のある部分ではより曲を聴くようにして、音楽に合わせて踊っていることが見ている人にも伝わるような表現を工夫しよう。⇒1日に1回は、大会本番を意識して、本番直前の確認の仕方やコールに応えるところも練習するようにしよう。

【STEP4】本番の緊張を疑似体験する

試技会など、指導者以外にもより多くの人に見てもらう機会を作って、本番の緊張感の中でも冷静に演技できるように練習する。

クラブや指導者によって違いはあるだろうが、概ねこのような過程を経て、試合での演技を迎えることになる。演技の完成度を上げ

いつから音に合わせるか？

今の選手たちは、目まぐるしいスピードで動き、さらにそれに伴って難しい手具操作も行っている。さらにトップ選手たちだとそこに表現も加わってくる。同じ操作をしてもジュニア選手だと必死さだけが伝わってくるところ、トップ選手は自分が音楽を奏でているかのようにリズミカルに操作をやってのけるから感心してしまう。

あるトップ選手に、どのくらい技の完成度が上がったら、音に合わせるようにするのかと訊いてみたところ、「完成してないときから合わせます」という答えが返ってきた。はじめは失敗続きでも、音には合わせてやるのだそうだ。非常にリズム感のよい演技をする選手だったが、そういう練習をしていたのだ。

ていくやり方は、人それぞれとは思うが、ひとつはっきりしているのは、うまくいかない部分はなぜうまくいかないのか、どうやりにくいのかを自分で把握することが重要だということだ。そして、できればそれを指導者や仲間に伝え、どうしたらうまくいくのかを相談しよう。ただ見てもらうよりも、今ある問題により即したアドバイスをもらうことができ、上達につながるはずだ。

 演技を完成させる手順としては、ある程度できるようになり、余裕が出てきたら表現という順番になっているが、できれば顔の表情だけはまだ完成度が低いうちからしっかり「演技」するようにしたい。演技がミスなくできるようになったら笑おう、ではなかなか表情を出すことはできない。演技するときは常に、感情が顔に出るようにしよう。

83

よりレベルの高い作品作り、精度の高い演技をめざすには

ポイント 34 より表現を深めるために、自分で工夫できることは何か

手具操作が非常に難しく、絶え間なく手具を動かすことが高得点につながる現在のルールでは「表現の伝わる演技」をすることがとても難しくなっている。日本人だけではない、イオンカップで来日する海外のトップ選手を見ても同様のことが言える。

それでも、ハルキナ選手(ベラルーシ)や、ニコルチェンコ選手(ウクライナ)のように、手具操作や身体難度などすべてが音楽や感情を伝える術になっていると感じられる選手もいる。身体能力や技術の高さでは遜色のないトップ選手でも、こういった差が出てくるのはなぜなのだろうか。

当たり前のことだが、「表現の伝わる演技」をするためには、「表現したい」という思いがあることが大前提だ。しかし、じつはそこがまず欠如している選手も少なからずいる。たまたま新体操を始めて、楽しくやってこれた、試合でよい成績を収めることができた、だから今でも続けている、というタイプの選手は、新体操を通して表現したい何かがあるわけではないということはあり得る。それが悪いわけではない。こういった選手は、たとえば人にはできないような技ができたとか、超絶技巧のような演技をノーミスで通しきるといったスキルの高さが持ち味になり、その演技スタイ

ここがポイント!

幼稚園、保育園、小学校の運動会などでやる「おゆうぎ」やダンスでも、気持ちをこめて踊るようにしたい。新体操は同時にやることが多いのでなかなか余裕のない子でも、おゆうぎやダンスなら、指先、足先まで思いを込めて、感情豊かに踊る経験ができるだろう。

表現を深める工夫

ルそのものが表現となっていく。音楽との融合さえ心がければこういうテクニカルな選手も評価されてしかるべきだ。現在の世界チャンピオン・アベリナ選手などはどちらかというとこのタイプに見える。

それでも、「芸術性」を志向する選手がいなくなったならば、新体操はかなりつまらないスポーツになってしまう。そうならないためには、「表現したいもの」をもった選手を育てることが必要となる。そのためには、様々な経験をすること、そしてそのときに感情が動くように育てることが必須だ。新体操の練習ばかりして、いつも「仲間に後れをとらないこと」「先生を怒らせないこと」ばかり気にしているような子どもは、感情が動かなくなってくる。

嬉しいときは笑顔が弾け、悲しいときは涙ぐんでもいい、怒りに燃えた目をするときがあってもいい。そういう感情の動きを経験していないのに、突然「愛」や「悲しみ」を演技で表現しろというのは無理だ。これは新体操以前の問題になるが、幼い頃からできるだけ自分

> ## 「表現する」土壌
>
> 「表現力豊かな演技をする選手」が1人現れると、そのクラブの選手たちは大体、表現力豊かに育っていく。それは、日本人ならではの横並びの発想なのか、自分だけが情感たっぷりに踊る勇気がない、という場合が少なくないからのようだ。
>
> しかし、本来ならできる限りの表現はしたほうがいいに決まっている。まだ技術が伴っていなくても、楽しい曲は笑顔で踊り、悲しい曲では切ない表情を見せる、そんな演技にこそ、周りが拍手喝采し、認める。
>
> 表現できる選手が育つにはそういう土壌が必要になる。1人で変わる勇気がないときは仲間で約束して競い合ってみるといい。みんなで表現を認め合う、そんな空気ができてきたら最高だ。

の感情を見つめ、できればそれを言葉で表現する訓練をしてほしい。

映画や演劇を観たり、テレビを見たり、本を読むときも、なるべく登場人物の気持ちに寄り添って見るように意識するとよい。そして、音楽をたくさん聴き、聴くことで感情が動くようになれば、自ずと「表現したい」気持ちは湧き上がってくるに違いない。

 幼い頃の発表会で、日本語歌詞つきの曲で踊る機会があったら、歌詞をしっかり聴いて、歌詞を表現するトレーニングの場ととらえよう。子どものうちはやはり日本語歌詞だと表現するべきものがとらえやすく、表情豊かに踊りやすい。表現力を育む過程ではこういう経験も必要となる。

よりレベルの高い作品作り、精度の高い演技をめざすには

ポイント 35 新体操を長く続けるために、知っておきたいこと、実践したいこと

今は未就学児から新体操を始める子が多く、高校生まで続けるとして15年、大学生まで続ければ19年という長い期間、新体操に関わる例が増えてきている。

長く続けるからには、できることならば、最後に「ここまで続けてきてよかった」と思って新体操を卒業してほしいし、新体操を卒業した後も「新体操をやっていてよかった」と思ってほしい。

そのために、新体操をやっている期間には、見失いがちなこと、それでいて大切なことをいくつかあげておきたい。

◆「競技成績以外の目標」を明確にする

現役選手はどうしても競技成績にとらわれがちだが、成績は水モノ的な面もある。自分が新体操を通して何を得たいのかは、常に意識するようにしよう。たとえば、将来、新体操で培った能力を使って表現者になりたいなら、試合での成績が振るわなかったとしても自分の演技で、思うような表現ができたならその点では達成感を得られるはずだ。また、将来は新体操の指導者になりたい人ならば、新体操でのすべての経験が財産になる。うまくいったことも、うまくいかなかったことも、将来の役には立つと受け止めて悲観しすぎないようにしよう。

ここがポイント！

長く新体操を続けるためには、競争意識をもちすぎないことが重要になる。それも身近な友だちなどと比べてしまうと、嫌になってしまうことが多い。人と比べるのではなく、自分自身の成長だけを見て、わずかな進歩でも喜び、次に進む活力にしよう。

長く続けるために

◆「新体操で得られる能力」の価値を知ろう

NHKのテレビ体操のお姉さんは、みんな新体操の競技経験者だ。今は、エンターテインメントの世界で活躍する新体操経験者も多く、ヨガやフィットネスのインストラクターにも新体操経験者がどんどん増えている。輝かしい競技成績はなくても、新体操選手たちの身体能力はかなり高い。そして汎用性がある。ダンスでもヨガでも、始めるときからスタート地点が違うので入口でつまずきにくく、上達が早い。新体操の次になにか体を使うことをやろうしたときに改めて、新体操で身につけた能力の価値を知るという人は多い。日々の練習が競技成績という形では報われなかったとしても、決して無駄ではないと知っておこう。

◆「新体操の世界でしか通用しない価値観」に対して冷静になろう

たとえば、極端に細いこと、脚が長いこと、体が柔らかいことなどは、新体操という特殊な世界でのみ通用する価値だ。新体操から離れたとたんにそれは、たいした意味をもたなくなる。

「粘り強さ」は最大の武器

新体操で得られる能力のひとつが「粘り強さ」だ。1回できたからOKではなく、試合で失敗しないために、これでもかと同じ練習を繰り返す。ノーミスが1本出ても、3本連続できるまで、いや5本と詰めていける。こういった練習を積み重ねることによって、本番でのノーミス演技など成果を得られる経験をすると、新体操以外の場でも生きる。

「ここまでやれば大丈夫」と思うレベルが、新体操に打ち込んだことのある人はかなり高い。その粘り強さや勤勉さ、成功までのプロセスを組み立てる力は、新体操を卒業したあとの人生でおおいに役立つのだ。

もちろん、競技成績を求める間はそれを得るための努力は必要だが、新体操を離れたあとの人生をダメにしない範囲の努力にしたい。太りすぎはよくないが、痩せれば痩せるほど有利とか偉いという価値観に飲み込まれて、健康を害することのないように、冷静さを保とう。

新体操をやっていたから人生が豊かになった、そう思える人間に育つことこそが、新体操の究極の目的なのだ。そのことを忘れないようにしたい。

 努力がなかなか報われないと、新体操そのものが嫌になってしまう。そういうときは、自分の努力の方向性が間違っていないか、を見直そう。周囲に努力が結果に結びついている人がいれば、そういう人の努力の仕方を学び、素直に取り入れよう。新体操はどんなに素質に恵まれている人でも努力なしでは上達しない。努力しているのは自分だけではないことを心に留めておきたい。

COLUMN 7

「踊るのが好き！」に勝る才能はなし

　現在の日本ではかなり小さい時期から「トライアウト」を受けることができる。これがあるために、新体操の素質の有無はそんなに小さいうちにわかってしまうのか、と思っている人もいると思うが、決してそんなことはない。

　トライアウトでは、プロポーションや、柔軟性などの身体能力、さらには器用性などいわゆる「素質」を主に見る。未来の日本代表選手を選ぶ以上は、それはたしかに外せない条件ではある。が、その条件は満たしていない選手でも、目を引くことがある。また、合格はしなくても将来が楽しみだな、と感じる選手もいる。

　そういう選手に共通しているのは、「踊るのが好き」だということだ。その場でやっている課題の出来はよくなかったとしても、身体能力が今一歩だとしても、ちょっとした動きもとにかく楽しそうにやる子、は間違いなく伸びる。到達点が日本代表選手ではないとしても、新体操を続けた年月の分かそれ以上に、素敵な選手になる。

　どんなに練習をしても、試合本番で力を出しきることは難しい。緊張感に負けてしまうこともある。しかし、そこで負けないためには、「ここで踊るのが嬉しい！楽しい！」という気持ちをもつことだ。リオ五輪に日本代表として出場した皆川夏穂選手も、試合前に緊張してきたら「演技をみんなに見てもらえる嬉しさ」「フロアで踊ることの楽しさ」を思い出すようにするという。

　「失敗したらどうしよう」という思いに支配されている選手の演技は、見ていても心に響かない。そこで踊ることを楽しめる、踊っている自分を好きでいられる。それが最高の才能であり、それは練習で身につけることは難しい。

　できることならば、幼いころや、新体操のキャリアが浅い間は、踊ることの楽しさを感じる心を育てたいと思う。下手だっていいのだ。好きでさえいられれば、いずれは上達するのだから。「踊ることが楽しい！」と感じられる経験、それは必ず財産になる。

Part 8

新体操の先輩に学ぶ！
～手具操作がうまくなるためにできること

大きな大会のフロアで華やかなレオタードに身を包み、
華麗な演技を見せるあこがれの選手たち。
そんな先輩たちは、自分の弱みをどう乗り越えてきたのか。
手具操作上達のコツを訊いてみた。

新体操の先輩に学ぶ！〜手具操作がうまくなるためにできること

ポイント 36

「人が10回でできることも千回やらないとできない」それでも踊ることをあきらめない

私はかなり不器用なほうで、新体操を始めたころから、ちょっと器用な子だと10回くらいでできることも、自分は千回やらないとできない、という感じでした。ルールもどんどん技を入れないと点数が出ないほうに変わってきて、不器用な自分にとってはけっこうつらいものがあります。練習していても、周りには器用な選手もいるので、「新しい技もすぐできる人はいいな〜」と思ったり、自分がどんどん置いていかれるような気がしてしまうこともあります。

それでも、新体操を続けてきたのは、やはり「踊ることが好きだったから」です。表現することが好きなので、新体操をあきらめられず、続けてきたという感じです。

続ける以上は、苦手なことも克服できるように、少しずつですが、難しい技にも挑戦はしています。新しい技を習得するときは、あまり頭で考えすぎてもできないので、私はとにかくやってみるタイプです。やってやって、体にしみついたものしか本番ではできないので、とにかく数をこなすことでできるようになることが多いです。

でも、自分のやり方だけではうまくいか

ここがポイント！

体にしみついたものしか本番ではできない！不器用だからこそ、体が覚えるまで回数をこなす！

中村 花

中村 花 PROFILE

1999年生まれ。奈良県出身。奈良YMCA⇒奈良文化高校⇒日本女子体育大学。2016高校総体11位。2019全日本選手権12位。バレエの基礎に裏打ちされた立ち姿から隅々まで隙のない美しさを見せる選手。優雅でエレンガントな雰囲気が持ち味。

ないことも多いので、できる人のやり方を見て、コツを訊いたりもします。自分が思っていたのとやり方が違う！ ということも少なくないので人の意見を聞くこともとても大事だと感じています。

　私のような不器用な選手にとっては、今の新体操はとても大変ですが、それでも新体操は本来「踊り」なので、見ている人に伝わる演技ができるような選手になりたいです。技や操作がすぐにできるようにはならなくても、自分には無理と決めつけず、あきらめず少しでも可能性があればそれを信じて、練習を重ねるしかないと思っています。あきらめなければいつかはできるはず、なので。

新体操の先輩に学ぶ！〜手具操作がうまくなるためにできること

ポイント 37

可動域に限界を感じても、手具操作には限界がない そこに希望を感じていた

新体操を始めたのは3歳のとき、東京に住んでおり、ジャスコ新体操スクールで遊びのような感覚で楽しくやっていました。小学校に入るころに、新潟に引っ越すことになったのですが、当時の新潟にはまだジュニアクラブがなくて、東京に残って新体操を続けることも考えました。「オリンピックを目指す」なんて言葉を無邪気に周囲も言える時代でしたから、子どもなりに真剣に新体操に取り組んでいたのだと思います。

小さい頃からハードな練習ができる環境にいたので、その分、結果もついてきた時期もありました。ただ、早くから新体操に懸けすぎたので、小学校高学年になると故障も増えてきましたし、気持ちが離れてしまうこともありました。親からも「辞めてもいいよ」と言われたりもしましたが、辞めるという選択はしませんでした。結局、踊ってるときは嫌なことも忘れさせてくれたからです。新体操をつらいと感じたこともありますが、救ってくれたのも新体操だった。だから今もこうして関わっているんだと思います。

小4の時に腰を痛め、反り系の柔軟がほとんどできなくなりました。それは柔軟性重視の時代だったのでかなり不利なことで

ここがポイント！

手具操作には限界がない。工夫と努力で、「技がつまっていても踊りに見える新体操」をめざす！

高橋弥生

高橋弥生 PROFILE

1986年生まれ。3歳から新体操を始め、小学1年生からは発足したばかりだったSTELLA（新潟県）で高校生の中で練習をしていた。ジュニア～高校と全国レベルで活躍し、日本女子体育大学では、個人と団体を経験。大学での個人コーチを経て、現在は団体コーチとして後輩の指導にあたる。

したが、不思議と「反れないから自分は終わり」とは思いませんでした。他の難度や手具操作でカバーできると考えるようにしていたし、ライバルなどを気にすると暗くなってしまうので、視界に入れないようにして。自分のできることを頑張るのみ、と思っていました。

中学の頃に「能力の差は小さいが、努力の差は大きい」という言葉に出会って、それがずっと支えになりました。私自身、身体の硬い選手でしたので身体難度に限界は感じていましたが、手具操作は努力すればするほど伸びる。それが希望だと感じ、他の人がやらないような操作を考えたり、音楽に合わせた手具の動かし方を追求したり、手具操作の奥深さや魅力を感じるようになっていきました。

今のルールは、手具操作が多く、成功させるのが大変だと思います。また、技を演技に詰め込むあまり踊りっぷりに欠けやすいと思います。しかし、海外の選手を見ると、音楽に合った踊りの中に多くの技が自然と組み込まれている演技もたくさんあります。今は指導者としてですが、そういう演技をめざしていきたいです。

おわりに

　この本を手にとってくださったあなたは、きっと新体操が大好きで、向上心でいっぱい！　なのだと思います。
　日々更新される新体操の最新情報を常にキャッチすべく、アンテナを高くしておくことも上達の秘訣とも言えます。
　この先、あなたが「もっと新体操のことを知りたい！」と思ったとき、または試合に出ることになったとき、きっとあなたの支えになってくれるサポーターたちを最後に紹介しておきます。
　そして、この本もまたあなたの新体操選手としての成長を少しでもお手伝いできたなら、こんなに嬉しいことはありません。

あなたの上達を支えるサポーターを見つけよう

新体操教本（2017年版）
日本体操協会コーチ育成委員会制作。新体操の歴史からスポーツ栄養学、コンディショニング、メンタルトレーニング等。分野ごとのプロが執筆を担当。指導者向けではあるが参考になる。（日本体操協会HPに購入方法あり）

新体操採点規則（2017-2020年）
FIG（国際体操連盟）による2017-2020年の採点規則の日本語版。審判資格はなくても購入は可能。かなり難解ではあるが、新体操のルールを知るためには手元に置いておきたい。（日本体操協会HPに購入方法あり）

FIG年齢別育成・競技プログラム
　FIG（国際体操連盟）によって、若い選手達の身体的・精神的発達を尊重するやり方を念頭において開発され、2019年1月に発行された。年齢別、目的別の必須要素や技術習得一覧表、身体能力テストプログラムなどが提示されている。（日本体操協会HPに購入方法あり）

日本体操協会公式サイト

http://www.jpn-gym.or.jp/

大会情報、大会結果、大会レポートなど。日本体操協会主催の大会、日本体操協会から選手を派遣している国際試合の情報を得ることができる。現在の日本の新体操の中枢の情報はこちらで。「協会販売物一覧」には、採点規則や新体操教本のほか大会DVDなどの販売情報もあるので要チェック。

日本新体操連盟公式サイト

https://www.japan-rg.com/

日本新体操連盟主催大会の情報、大会結果など。日本新体操連盟登録団体のリストもあり、居住地の近くの新体操クラブを問い合わせることもできる。日本全国から多くのエントリーがあるクラブ選手権、クラブ団体選手権、クラブチャイルド選手権の情報はこちらでチェック。連盟主催大会のDVD販売も行っている。

チャコットオンラインショップ

https://shop.chacott.co.jp/rg/

練習用レオタード、大会用レオタード、ハーフシューズ、手具、ボディファンデーション、トレーニングウェア、トレーニンググッズ、雑貨など、新体操に必要なものはなんでもそろう。グラデーションや両面プリントのリボンやクラブなど手具はデザイン性と機能性に富んでおり、バッグや手具ケースなどもセンスのいいものが多い。ステージ用のメイク用品も充実。

スカイA

https://www.sky-a.co.jp/

「全日本クラブ団体選手権」「全日本新体操選手権」など、新体操を積極的に放送しているCSチャンネル。選手の素顔に密着するミニ番組なども放送。視聴するには契約が必要だが、新体操コンテンツが充実しているのでお勧めだ。

AJ（Artistic Journal）

2018年6月に創刊された日本体操協会公認の体操・新体操専門写真誌。素晴らしいグラフィックとともに新体操クラブ訪問や海外の大会の取材記事なども掲載。Amazonで購入可能。

協力

監修 ◆ 日本女子体育大学学長　石﨑朔子
協力 ◆ 伊那西高等学校教諭　橋爪みすず
　　　　日本女子体育大学新体操部監督　木皿久美子
　　　　日本女子体育大学コーチ　高橋弥生・中澤歩・清水花菜
モデル ◆ 清澤毬乃・五十嵐遥菜・中村花・植松桃加・佐藤京香・関谷友香・熊谷咲乃・
　　　　井出口真子・佐々木美雨・西岡慈里・藤井陽
イメージ写真 ◆ 長野県体操協会、日本女子体育大学新体操部（表紙）

Staff

制作プロデュース ◆ 有限会社イー・プランニング
構成・執筆 ◆ 椎名桂子
撮影 ◆ 岡本範和・末松正義
写真提供 ◆ 清水綾子（表紙）
デザイン・DTP ◆ 株式会社ダイアートプランニング　山本史子

**手具操作で魅せる！
新体操　ロープ　レベルアップBOOK**

2019年12月25日 第1版・第1刷発行

監　修　　石﨑 朔子（いしざき さくこ）
発行者　　株式会社メイツユニバーサルコンテンツ
　　　　　（旧社名：メイツ出版株式会社）
　　　　　代表者　三渡 治
　　　　　〒102-0093 東京都千代田区平河町一丁目1-8
　　　　　TEL：03-5276-3050（編集・営業）
　　　　　　　　03-5276-3052（注文専用）
　　　　　FAX：03-5276-3105
印　刷　　株式会社厚徳社

◎『メイツ出版』は当社の商標です。

●本書の一部、あるいは全部を無断でコピーすることは、法律で認められた場合を除き、
　著作権の侵害となりますので禁止します。
●定価はカバーに表示してあります。
© イー・プランニング,2019.ISBN978-4-7804-2279-5 C2075 Printed in Japan.

ご意見・ご感想はホームページから承っております。
ウェブサイト　　https://www.mates-publishing.co.jp/
編集長：折居かおる　　副編集長：堀明研斗　　企画担当：堀明研斗